Brigitte Rauth-Widmann

Labrador Retriever

Auswahl, Haltung, Erziehung, Beschäftigung

Inhalt

Geschichte und Wesen 4

Die Vorfahren der Labrador Retriever 5
So sind Labrador Retriever 8
Ein Hund für alle Lebenslagen 12
EXTRA Wesen und Ansprüche 18

Unser Labrador zieht ein 20

In der Beliebtheitsskala ganz oben 21
Eine Entscheidung fürs Leben 22
Die Wahl des passenden Züchters 26
Grundausstattung 31
Auf ins neue Zuhause 33
Die ersten Tage 35
Stubenreinheit 36
EXTRA Vom Welpen zum Hund 38

Gesunde Ernährung 40

Was Hunde fressen 41
Fertigfutter 43
Hausmachermenüs 44
Fütterungspraxis 46
EXTRA Gesundes für den Labrador 47
Übergewicht 48
Tischmanieren 49

Gepflegt von Kopf bis Pfote 50

Fellpflege 51
Krallenpflege 53
Augenpflege 54
Ohrenpflege 54
Gebisspflege 54

Rundum gesund 56

Infektionskrankheiten 57
Ektoparasiten 60
Magen-Darm-Erkrankungen 62
Endoparasiten 64
Erste-Hilfe-Maßnahmen 65
Läufigkeit der Hündin 66
Erblich bedingte Krankheiten 68
Epilepsie 74
Haut- und Fellveränderungen 74
Alternative Heilverfahren 75

Erziehung leicht gemacht 76

Konsequenz von Anfang an 77
Umwelterfahrung 78
Positive Bestärkung 80
Alleinbleiben 81
Rangordnung 82
Vertrauensvoller Umgang 84
Das kleine Einmaleins der Hundeerziehung 86
EXTRA Signale auf einen Blick 89
Übungen gestalten 92

Freizeitpartner Labrador Retriever 96

Energiebündel auf vier Pfoten 97
Autofahren 99
Spaziergänge gestalten 100
Schwimmen 104
Apportieren für Anfänger 105
Grundausbildung und Sport 110
Dummytraining 112
EXTRA Richtig einweisen 116
Hundeausstellungen 120
Mit dem Labi auf Reisen 121

Service 122

Nützliche Adressen 123
Zum Weiterlesen 124
Register 126

Geschichte und Wesen

Einst als Jagdhund gezüchtet, verkörpert der Labrador heute alle Prädikate eines idealen Familienhundes und Freizeitpartners. Denn er ist menschenbezogen, sehr anpassungsfähig, duldsam, gelassen und verlässlich, gleichzeitig aber auch sehr temperamentvoll, begeisterungsfähig sowie spiel-, bewegungs- und arbeitsfreudig.

Die Vorfahren der Labrador Retriever

Wie bei den meisten Hunderassen wurden auch über den Ursprung der Retriever zahlreiche Theorien aufgestellt, deren Wahrheitsgehalt bisweilen schwer zu beurteilen ist. Als gesichert gilt jedoch, dass die Wiege eines ihrer Vorfahren in Neufundland stand.

Als vor ungefähr 500 Jahren Fischer aus dem südenglischen Devon nach Neufundland segelten, um vor der Halbinsel Avalon bei St. John's auf Fischfang zu gehen, hatten sie auch einige schwimmbegeisterte Hunde mit an Bord, deren Aufgabe es war, Schiffstaue und aus den Netzen springende Fische aus dem eisig kalten Wasser zu apportieren. Vermutlich dienten sie ihnen außerdem in Notsituationen als Nahrungsproviant.

Diese Hunde, die mit ziemlicher Sicherheit aus Europa stammten, sollen unter anderem verwandtschaftliche Beziehungen zu den in Frankreich heimischen Sankt-Hubertus-Hunden aufweisen. Darüber hinaus werden auch starke Einflüsse des französischen Barbets sowie des portugiesischstämmigen Cao de Castro Laboreiro angenommen.

Robust und leistungsstark, äußerst verträglich mit Artgenossen: So präsentieren sich Labrador Retriever aus vorbildlicher Zucht.

Ein Hund für die Jagd

Anfang des 16. Jahrhunderts begannen die Fischer aus Devon erste Siedlungen entlang der Küste Neufundlands anzulegen und neben dem Fischfang nun auch Federwildjagd zu betreiben. Aus diesem Grund benötigten sie jetzt einen Hund, der außer vorzüglichen Apportiereigenschaften auch ausgeprägte jagdliche Anlagen wie beispielsweise Beute-, Stöber- und Spürtrieb besitzen musste. Da sie auf dem Festland ganz offensichtlich keinerlei einheimische Hunde vorfanden und mit den apportierbegeisterten Tieren aus England ohnehin schon herausragende vierbeinige Helfer besaßen, setzten die „Männer aus Devon" gerade diese Hunde zur Zucht ein. Das war die Geburtsstunde des Saint-John's-Hundes, des gemeinsamen Urahns aller Retriever.

Der Saint-John's-Hund

Diesen Hund zeichneten einige bedeutende Merkmale aus, die auch bei den heutigen Retrievern noch zu finden sind. So hatte der Saint-John's-Hund ein ausgeglichenes und freundliches Wesen, und er war ein außerordentlich guter Fährtensucher mit einer ganz beachtlichen Nasenleistung. Zudem war dieser neufundländische Hund ein ausgezeichneter und überaus ausdauernder Schwimmer mit dichtem, kurzem und Wasser abstoßendem Fell. Darüber hinaus war er nur mittelgroß, sodass ihn die Fischer bequem in ihre kleinen Boote nehmen konnten.

Obwohl bereits damals ein reger Warenhandel zwischen Neufundland und Großbritannien bestand, kamen die Saint-John's-Hunde erst ungefähr 250 Jahre später mit Handelsschiffen auch nach England (Poole) und Schottland (Greenock). Einige von ihnen gelangten in den Besitz von Angehörigen des Landadels, die sie insbesondere wegen ihrer ausgeprägten Apportiereigenschaften und ihres hervorragenden Spürsinns gern als Jagdhunde einsetzten. Andere wurden z. B. von Wildhütern übernommen, die diese Hunde nicht zuletzt wegen ihres ausgeglichenen Wesens sehr schätzten.

Arbeiten im kühlen Nass – für einen Labrador auch im eisigen Winter ein Vergnügen, nicht zuletzt seines dichten, wasserabweisenden Felles wegen.

Eine seiner ursprünglichsten jagdlichen Aufgaben war das Apportieren von geschossenem Federwild. Seiner empfindlichen Nase, mit der bemerkenswert hohen Dichte an Riechsinneszellen (280 Millionen), bleibt dabei keine Beute verborgen.

Vom Saint-John's-Hund zum Labrador

Die Saint-John's-Hunde, die bis Mitte des 19. Jahrhunderts auf die Britische Insel gelangten, waren die Zuchtbasis für alle dort entwickelten Retriever-Rassen. Aufgrund von einigen Handelsbeschränkungen sowie eines Gesetzes, das Hunde ohne Lizenz und Quarantäne nach Großbritannien einzuführen verbot, kamen später kaum mehr Saint-John's-Hunde auf die Insel.

Anders als die Fischer und Jäger von St. John's züchteten die reichen englischen Großgrundbesitzer, in deren Besitz zahlreiche dieser Hunde aus Neufundland gelangten, nicht zum Gelderwerb oder für das eigene Überleben, sondern wohl eher zum Zeitvertreib. Auf ihren riesigen Landsitzen hatten sie nicht nur Muße genug, sich der Jagd hinzugeben, sondern sie besaßen vor allem auch ausreichende finanzielle Mittel, sich der Reinzucht der verschiedensten Hunderassen zu widmen.

Anerkennung der Rasse

Heute geht man davon aus, dass gerade die in den Zwingern der Aristokraten (insbesondere der englischen beziehungsweise schottischen Adelsfamilien Malmesbury, Buccleuch und Home) gehaltenen Saint-John's-Hunde ohne vorherige Einkreuzung anderer Hunderassen rein gezüchtet wurden und so die Labradorzucht begründeten.

Zunächst trugen die Hunde Namen wie „Englischer Retriever", „Kleiner Saint-John's-Hund" oder auch „Kleiner Neufundländer" (im Gegensatz zu den großwüchsigen Vorfahren des heute bekannten Neufundländers). Erst mit der Definition eines Rassestandards für diese Hunderasse setzte sich zu Beginn des 20. Jahrhunderts allgemein die Bezeichnung „Labrador Retriever" durch. Die offizielle Anerkennung dieses Rassestandards für den Labrador Retriever durch den englischen Kennel Club erfolgte im Jahr 1903.

So sind Labrador Retriever

Der Labrador Retriever ist ein kräftig gebauter Hund. Sein Schädel ist breit, seine Brust tief und gewölbt, sein Rippenkorb fassförmig. Er hat eine kurze Lendenpartie sowie eine breite und starke Lende und Hinterhand. Die Schulterhöhe reicht bei der Hündin von 54 bis 56 cm, beim Rüden von 56 bis 57 cm. Ein für den Labrador kennzeichnendes Merkmal ist seine kräftige, rundum mit dichtem Fell bedeckte Rute. Auch sein Haarkleid ist sehr charakteristisch: Es ist glatt, kurz und sehr dicht, außerdem ist es mit dicker, wetterbeständiger Unterwolle ausgestattet. Das ausgesprochen pflegeleichte Fell ist einfarbig schwarz, gelb oder schokoladenbraun.

Info Retriever-Rassen

Die Retriever werden aufgrund ihrer Entstehungsgeschichte, ihres äußeren Erscheinungsbildes und ihrer Charaktermerkmale in sechs verschiedene Rassen untergliedert. Es sind dies die in Kanada beheimateten Nova-Scotia-Duck-Tolling-Retriever (Toller), die in Nordamerika rein gezüchteten Chesapeake-Bay-Retriever (Chessie) und die vier ursprünglich aus Großbritannien stammenden Vertreter Curly-Coated, Flat-Coated sowie Golden und Labrador Retriever.

Der Labrador Retriever ist für seine ursprüngliche jagdliche Aufgabe, das Apportieren, anatomisch bestens gewappnet. Dies zeigen sein mittellanger Fang mit den kräftigen Kiefern, sein stark bemuskelter Hals und seine muskulösen Schultern, die es ihm leicht möglich machen, auch schwere Beute sicher und mühelos zu tragen. Seine kräftige Vorhand und die sehr muskulöse Hinterhand ermöglichen es ihm, schwungvoll zu agieren. Seine kompakte Statur mit den kräftigen mittellangen Läufen helfen ihm dabei, selbst in unwegsamem Gelände zügig voranzukommen. Sein dichter „Pelz" schließlich schützt ihn während seiner Arbeit z. B. in dornigem Unterholz vor Verletzungen. Zudem ist es stark wasserabweisend.

Schwarz, Gelb und Braun

Bis zum ausgehenden 19. Jahrhundert war die Hauptlinie der Labrador-Zucht schwarz. Danach wurde die gelbe und schließlich dann die schokoladenbraune Fellfärbung immer populärer (Synonym zu Schokoladenbraun: Chocolate, Braun, Leberfarben).

Die Erbanlage für das rezessiv (= untergeordnet) vererbte Gelb bzw. Schokoladenbraun soll ebenso wie auch die schwarze Farbe der Labrador Retriever auf die Importhunde aus Neufundland zurückgehen. Dafür spricht unter anderem, dass diese drei Farbvarianten in gleicher Weise bei den beiden engsten Verwandten des Labradors, den Curly- und den Flat-Coated Retrievern, auftreten, die ja ebenfalls auf den Saint-John's-Hund zurückgehen. Dennoch ist freilich nicht auszuschließen, dass trotz forcierter Reinzucht der Rasse bereits damals gelegentlich einzelne Labrador Retriever mit anderen Hunderassen gekreuzt und diese Mischlinge anschließend entweder untereinander oder mit Tieren aus rein gezüchteten Labrador-Linien verpaart wurden. Denn das Ziel der verschiedenen englischen Züchter war es stets, die Leistungen und jagdlichen Fähigkeiten ihrer Hunde zu steigern, zu spezifizieren und den eigenen Bedürfnissen optimal anzupassen.

In späteren Jahren wurden dann nachweislich Kreuzungen zwischen verschiedenen Retriever-Rassen vorgenommen (hauptsächlich zwischen Labrador und Flat-Coats), für die es auch zahlreiche schriftliche Belege gibt. Der Kennel Club erlaubte solche Kreuzungen noch bis ins Jahr 1916 und registrierte die Mischlingshunde jeweils unter derjenigen Rasse, der sie am ähnlichsten sahen. Heute kreuzt man reinrassige Labis gelegentlich mit Golden bzw. Pudeln, etwa zum Einsatz als Blindenführhunde.

Ob in gelb, schwarz oder braun: Typische sogenannte „dual purpose"-Labrador Retriever sind sehr ausgeglichene, arbeitsfreudige Hunde mit freundlichem Naturell, angenehmem Temperament und viel Durchhaltevermögen. Sie eignen sich für den jagdlichen Einsatz und für Leistungsprüfungen ebenso wie für die Präsentation im Ausstellungsring. Aufgrund ihrer großen Verträglichkeit kann man sie sehr gut zu mehreren halten.

Geschichte und Wesen

Egal welche Färbung man vor Augen hat, stets muss das genetische Potenzial der Zuchttiere den Anforderungen für die Entwicklung eines charakteristischen Labrador Retrievers, mit all seinen rassetypischen Merkmalen, entsprechen. Ansonsten gehen sein liebenswertes Wesen, seine Freude am Arbeiten und seine leichte Lenkbarkeit über kurz oder lang verloren.

Was die Farbe verrät

Anhand der Fellfarbe der Elterntiere lässt sich (entsprechend der Tabelle auf S. 11) einiges über die Färbung der zu erwartenden Welpen vorhersagen: So werden Nachkommen von zwei gelben Eltern stets gelb sein, nie schwarz oder chocolatefarben. Labrador-Welpen, deren Eltern beide chocolatefarben sind, werden gelb oder chocolatefarben, aber nie schwarz sein. Haben beide Elterntiere eine schwarze Fellfärbung, können sowohl schwarze als auch chocolatefarbene und gelbe Welpen geboren werden. Worüber die Fellfärbung allerdings überhaupt nichts auszusagen vermag, sind beispielsweise die Lern- und Arbeitsfähigkeit der Hunde, sowie spezifische Krankheitsbilder oder etwa auch Erkrankungshäufigkeiten bei den entsprechenden Hunden.

Eine scheinbare Verbindung von Fellfarbe und bestimmten Eigenschaften hat rein historische Gründe, denn entsprechend der Popularitätsentwicklung der Fellfarben gibt es selbst heutzutage wesentlich mehr schwarze Labrador Retriever aus jagdlich gezüchteten Linien (siehe S. 15) als z. B. gelbe oder schokoladenbraune. Da aber gerade Hunde aus jagdlichen Linien eine besondere Eignung für die jagdliche Arbeit mitbringen, ist es nicht verwunderlich, dass eben diese – derzeit noch

> **Info** | **Labis in Silberblau**
>
> Labrador Retriever gibt es nicht nur in Schwarz, Gelb und Braun, sondern auch in Silberblau. In Amerika seit über fünf Generationen aus immer den hellsten Chocolates eines Wurfes herausgezüchtet, erfreuen sich dort silberblaue Labis steigender Beliebtheit. Während man für das satte Braun der „Schoko-Labis" stets die dunkelsten Vertreter mit möglichst dunkel gefärbten Augen heranzieht, wählt man für die Züchtung dieser Fellfärbung nur diejenigen Tiere aus, die möglichst hellgelbe Augen, graue Nasenschwämme und allgemein Weimaranerfarbe zeigen.
> Ob es sich bei diesen Hunden wirklich um reinrassige Labrador Retriever handelt, bei denen das sogenannte farbverdünnende Gen „d" nicht etwa durch Einkreuzung einer oder mehrerer anderer Rassen in die Linien geraten ist, steht zurzeit noch nicht zweifelsfrei fest.

vermehrt schwarz gefärbten – Hunde auch erfolgreich jagdlich geführt werden oder in Jägerhand sind. Labrador Retriever mit gelber Fellfarbe sind – ähnlich ihren Verwandten, den Golden Retrievern – besonders als reine Familienhunde begehrt und benötigen deswegen eigentlich keinen ausgeprägten „jagdlichen Stammbaum". Wie die wenigen gelben und schokoladenbraunen Labrador Retriever aus jagdlichen Linien eindrucksvoll unter Beweis stellen, sind aber auch diese „Farben" durchaus in der Lage, exzellente Arbeitserfolge zu erzielen.

Wie die erhöhte Erkrankungsfrequenz bei extremer Inzucht zeigt, wird die Gesundheit einer Zuchtlinie immer durch die Größe ihres Genpools mitbestimmt. Da die Individuendichte und damit der Genpool gerade bei den schokoladenbraunen Labrador-Linien im Vergleich zu den beiden anderen Farbrichtungen (noch) relativ klein ist, können bei diesen Hunden Krankheitsvorkommen statistisch gesehen eher ins Gewicht fallen. Die Aussage, dass die schokoladenbraunen Labis generell krankheitsanfälliger sind als die gelben oder schwarzen Hunde, kann damit aber nicht belegt werden.

Von großer Bedeutung hingegen – sowohl für das äußere Erscheinungsbild als auch für das Temperament und die Arbeitsfähigkeit eines Labrador Retrievers – ist seine Abstammung. Auf diese gilt es bei der Auswahl demzufolge besonderen Wert zu legen.

Info Farbvererbung

Die Fellfarbe beim Labrador Retriever wird von verschiedenen Genen bestimmt:
B ist für Schwarz verantwortlich und setzt sich gegenüber b für Chocolate durch.
E ist dafür verantwortlich, dass der ganze Hund schwarz bzw. chocolate gefärbt ist.
e bewirkt eine Pigmentierung nur der Lefzen, Pfoten, Augenränder und des Nasenschwammes.
Welche Genkombinationen schwarze, gelbe und chocolatefarbene Fellfärbung bewirken können, zeigt diese Tabelle.

Schwarz	Gelb	Chocolate
BBEE	BBee	bbEE
BbEE	Bbee	bbEe
BBEe	bbee	–
BbEe	–	–

Bei der Fortpflanzung geben die Mutter und der Vater jeweils ein B/b-Gen und ein E/e-Gen weiter. Die Kombination dieser Gene bestimmt wiederum die Fellfarbe der Welpen.

Ein Hund für alle Lebenslagen

Insbesondere wegen ihrer außergewöhnlichen Erfolge als Arbeitshunde wurden Labrador Retriever bei Jägern und Wildhütern immer beliebter. Ihre Popularität wuchs so stark an, dass Labis schon bald in ganz Großbritannien zu finden waren und allmählich andere Rassen – wie z. B. die bis dahin äußerst begehrten und zum Apportieren eingesetzten Curly- und Flat-Coated Retriever – verdrängten. Heute sind Labrador Retriever über die ganze Welt verbreitet und gehören außer in Großbritannien vor allem in den USA und in Kanada, aber auch in den skandinavischen Ländern sowie in Australien zu den beliebtesten „Freunden und Helfern des Menschen".

Zuverlässige Jagdbegleiter

Labrador Retriever wurden ursprünglich ausschließlich für den jagdlichen Einsatz gezüchtet. Wegen ihres ausgeprägten Bringtriebes und ihrer großen Wasserfreude setzte man sie zunächst bei der Jagd auf Wasservögel ein. Ihre „Weichmäuligkeit", also die Fähigkeit, Wild so sanft aufzunehmen, dass es unversehrt bleibt, war neben ihrem hervorragenden Spürsinn, ihrer großen Ausdauer und ihrer fast schon sprichwörtlichen Begeisterung, für ihren zweibeinigen Begleiter zu arbeiten („will to please"), ein weiterer Grund für die stetig steigende Verbreitung von Labrador Retrievern als Apportierhunde. Und dies nicht nur bei der Jagd auf Entenvögel, sondern in zunehmendem Maße auch auf verschiedenstes anderes jagdbares Niederwild in ganz unterschiedlichem Gelände.

Entscheidend für den Jagdeinsatz der Hunde waren außerdem ihre Robustheit, ihr ausgeglichenes Wesen und ihr guter Gehorsam. Absolute „steadiness" (Standruhe) sowie korrektes „marking" (Beobachten der Flugbahn eines getroffenen Tieres) waren dabei besonders wichtig für den gemeinsamen Jagderfolg.

> **Tipp | Jagdliche Arbeit**
>
> Wenn Sie sich für die jagdliche Ausbildung Ihres Labradors interessieren, nehmen Sie Kontakt zu den verschiedenen Jagdgebrauchshundevereinen auf, oder wenden Sie sich an die zuständigen Arbeitsgruppen der verschiedenen Retrieververeine (Adressen, S. 123).

Sportliche Wettkämpfe
Nicht nur im Jagdalltag waren Labrador Retriever unentbehrliche Helfer, auch in jagdlichen Wettbewerben wie den sogenannten „field trials" oder den „gundog working tests" brillierten Labradors mit außergewöhnlichen Arbeitserfolgen. In „field trials", in denen der

Durch konsequentes Üben lernt dieser Wirbelwind geduldig abzuwarten, bis sein Einsatz gefragt ist; dann aber überschlägt er sich vor Arbeitseifer: Mit kraftvollen Bewegungen rudert er geradewegs zur Beute, nimmt das Stück auf, wendet gekonnt, um danach zügig an Land zurückzuschwimmen.

Ablauf von Treibjagden nachempfunden wurde, wetteiferten die Hunde unter authentischen Jagdverhältnissen an frisch geschossenem („warmem") Wild miteinander. In den „gundog working tests" arbeiteten sie dagegen unter simulierten Jagdverhältnissen und hatten dementsprechend „kaltes" Wild oder Dummies zu apportieren. Bei solchen, gegen Ende des 19. Jahrhunderts erstmals durchgeführten, sportlichen Veranstaltungen hatte nur derjenige Labrador eine Gewinnchance, der mit Schnelligkeit und Gewandtheit arbeitete, außerdem exakte Nasenarbeit, Standruhe und einen sofortigen Gehorsam auf Signale zeigte.

Um die Hunde immer schneller und leistungsfähiger zu machen, wurden schließlich reine Arbeitslinien (Field-Trial-Linien) gezüchtet, die sich stark von den reinen Show-(Ausstellungs-)Linien unterschieden, die man in Großbritannien jetzt ebenfalls hervorbrachte. Solche „Working-Labis" sind Leichtgewichte im Vergleich zu „Show-Labis", und auch deutlich hochbeiniger. Regelrecht erpicht sind sie aufs Arbeiten, jedoch nicht übereifrig oder gar nervös.

Jagdeinsatz heutzutage

Selbst heute noch sind Labrador Retriever insbesondere in Großbritannien und in den USA bevorzugte Jagdhunde, und auch hierzulande erfreuen sie sich als Jagdbegleiter zunehmender Beliebtheit. Ganz besonders geschätzt ist ihre hervorragende und zuverlässige Arbeit „nach dem Schuss", so z. B. auf der Spur angeschossenen Niederwildes oder auf der Schwimmspur von Entenvögeln. Sogar Schweißhundqualitäten haben diese Hunde, weshalb sie auch bei der Nachsuche, etwa auf Schalenwild, gern eingesetzt werden. Nur spurlaut sind sie in der Regel nicht. „Verweisen" allerdings lernen sie rasch.

Wildschärfe dagegen besitzen Labradore kaum bzw. gar nicht. Einem krankgeschossenen Stück nachhetzen, es stellen und mit festem Kiefergriff niederzwingen, das liegt ihnen überhaupt nicht.

Auch „vor dem Schuss" zeigen Labrador Retriever beachtliche Leistungen, so beispielsweise beim Buschieren, der Wildsuche in meist unübersichtlichem Gelände vor der Flinte des Jägers, oder auch beim Stöbern.

Geschichte und Wesen

Mit Dummyarbeit kann man nicht-jagdlich geführte Labradors rassegerecht beschäftigen, und selbst bei jagdlich geführten Hunden wird mit diesen Apportiersäckchen trainiert, etwa um während der jagdfreien Zeit den Leistungsstand aufrecht zu erhalten (hier ein mit Fuchsfell ummanteltes Dummy mit ca. 500 g Gewicht).

Bringen aus Leidenschaft
Apportieren, also Gegenstände aufnehmen und tragen, ist allen Hunden angeboren. Man spricht deshalb auch von einer „angewölften" Verhaltensweise. Dass das Apportierverhalten für Hunde sogar lebenserhaltende Bedeutung erlangen kann, wird deutlich, wenn man sich vor Augen führt, auf welche Weise erwachsene Tiere eines Rudels Jagdbeute herbeischaffen, um damit ihre schon etwas älteren Welpen in der Wurfhöhle satt zu bekommen. Was lag für den Menschen demnach näher, als diese natürliche Veranlagung von Hunden durch gezielte Verpaarung gerade derjenigen Individuen, bei denen dieses spezifische Merkmal besonders stark ausgeprägt war, sich selbst und für das eigene Überleben zunutze zu machen?

Sichtjäger
Mit den wohl ursprünglichsten Hunderassen, den Windhunden, brachte er dabei schnelle Sichtjäger hervor, die insbesondere in offenem Gelände das Wild sehr ausdauernd verfolgen und auch zu Tode hetzen konnten. Obwohl ihr Beutetrieb sehr gut ausgeprägt war, waren diese äußerst eigenständigen Hunde aber meistens nicht ohne Weiteres dazu bereit, das Jagdwild freiwillig an den Menschen abzugeben. Der Jäger musste deswegen immer darauf bedacht sein, seinem jagenden Hund möglichst dicht auf den Fersen zu bleiben, um ihm das geschlagene Beutetier abzunehmen, noch bevor dieser sich damit aus dem Staub machen konnte.

Spurjäger
Anders war dies meist bei den sich vornehmlich mit dem Geruchssinn orientierenden und deshalb gern für die Jagd in unübersichtlichem Gelände eingesetzten Hunderassen wie z. B. den Spaniels und Pointern. Diese Hunde töteten das Jagdwild in der Regel nicht selbst, sondern unterstützten den Jäger, indem sie das Wild aufspürten, aufbrachten oder durch charakteristische Posen anzeigten. Erst nachdem der Jä-

ger selbst das Stück erlegt hatte, bekam der Hund das Signal zum Apport.

Dank ihres ausgeprägten Spürtriebes und ihrer ausgezeichneten Nasenleistung waren diese Jagdhunderassen in der Lage, das geschossene oder verwundete Wild schnell aufzufinden und sicher aufzunehmen. Vor allem aber waren sie willens, ihre Beute dem Jäger auch zuzutragen und abzugeben. Einige von ihnen packten beim Transport recht fest zu, weswegen man in der Folge darum bemüht war, neben diesen Jagdhunden auch Rassen zu züchten, die das Jagdwild mit „weichem Maul", also äußerst behutsam, apportierten.

Dieses Apportierverhalten immer weiter zu perfektionieren, war Hauptanliegen der Züchter der verschiedenen englischen Jagdhunderassen. „Geboren" wurden schließlich die Retriever, die ihren viel gerühmten und unübertroffenen Apportierleistungen sogar ihren Namen verdanken: Denn die englische Vokabel „to retrieve" bedeutet „auffinden und herbeibringen".

Die Linie macht den Unterschied

Hierzulande ist man (vor allem in den Retrieververeinen) nach wie vor darum bemüht, schöne und gleichzeitig arbeitsfähige Labrador Retriever zu züchten, den sogenannten „dual-purpose-Typ". Gerade ein durchschnittlicher Hobbyhundehalter wird viel Freude an solchen Labis haben, denn er kann mit ihnen auf Ausstellungen durchaus vordere Plätze belegen und Pokale gewinnen, und dennoch leicht und erfolgreich mit ihnen arbeiten – beispielsweise beim Dummytraining, in einer Rettungshundestaffel oder zum Beispiel im Besuchsdienst. Einen mehrfach hoch dekorierten internationalen Schönheitschampion wird er sich mit einem solchen Hund aber eher selten heranziehen können, ebenso wenig einen Field-Trial-Champion, mit dem er auf internationalen jagd-sportlichen Wettbewerben brillieren und jedes ausländische Gespann in den Schatten stellen kann. Dazu braucht es schon eines Vertreters aus einer reinen Show- respektive Field-Trial-Linie.

Begeisterungsfähigkeit ist nur einer seiner beeindruckenden Wesenszüge. Für die Zuchttauglichkeit eines Labradors sind demzufolge neben seinem Erscheinungsbild und seiner gesundheitlichen Konstitution auch das Wesen und die Arbeitsfähigkeit entscheidend.

Seine außergewöhnliche Zuverlässigkeit im Umgang mit Kindern, seine Gelassenheit und starke Anpassungsfähigkeit machen den Labrador Retriever – ob aus einer Show- (links) oder einer Arbeitslinie (rechts) – zum idealen Familienhund. Einzige Bedingung: Der Hund muss ausgelastet sein.

Show- und Arbeitslinien

Insbesondere bei den Labradors aus reinen Showlinien stellt sich allerdings die Frage, wo Schönheit eigentlich beginnt beziehungsweise aufhört, und, ob und in welchem Ausmaß zum Erreichen größtmöglicher körperlicher Attraktivität (wie immer man diese auslegen mag) viele andere Eigenschaften und Fähigkeiten dieser ursprünglich für das Arbeiten gezüchteten Rasse sträflich vernachlässigt werden dürfen.

Dass es beim Züchten von Labrador Retrievern natürlich immer Einzeltiere gibt, die wesentlich sportiver sind als die anderen, die sich besonders gern bewegen, die ganz besonders freudig apportieren und arbeiten, und besonders fix verstehen, was man von ihnen möchte, ist logisch. Ebenso logisch ist, dass da auch auffallend ebenmäßig gebaute, dem Rassestandard besonders gut entsprechende, fülligere Exemplare darunter sind, die Championat-verdächtig anmuten, vom Arbeiten und Apportieren möglicherweise aber nicht eben viel halten. Eine natürliche Streuungsbreite anzustreben, ist sicher nicht verkehrt, nur derartige Extreme zu erschaffen, die nur noch „schön" und, gelinde gesagt, mollig sind, kann nicht das Ziel sein. Ebenso wenig darf der übereifrige, hypernervöse Workaholic entstehen, der äußerlich kaum mehr als Labrador zu entlarven ist, und der, kann er einmal einen Tag lang nicht zum Apportieren mitgenommen werden, mangels unausgelasteter Arbeitstalente die Tapeten von den Wänden holt und das Wohnzimmer umdekoriert.

Ein Show-Labi darf ruhig sehr ebenmäßig gebaut sein, auch etwas kompakter natürlich, aber niemals zu füllig oder gar fett. Er darf auch in seinen Arbeitsleistungen hinter denen eines Working-Labis hinterherhinken (zumal er ohnehin viel weniger speed entwickeln kann als solch ein eher hochbeiniges Leichtgewicht). Mehr aber nicht. Ein Working-Labi freilich muss mit jagdlichem und jagd-sportlichem Können brillieren, und mit vielleicht noch größerer Arbeitsfreude und Führerbezogenheit als jeder andere Labradorschlag agieren. Um sein harmonisches Äußeres braucht er sich weniger zu scheren. Doch auch der Laie sollte in ihm noch ohne Probleme den Labrador erkennen können.

Richtige Auslastung

Da ein Labrador Retriever aus einer reinen Arbeitslinie besonders regelmäßig und retrievergerecht beschäftigt werden muss, damit er ausgelastet und zufrieden ist, gilt es bei ihm noch dringlicher, ihn in den „richtigen Händen" zu wissen. Es ist demzufolge wirklich überhaupt keine gute Idee, auf einen solchen modisch schlanken, superanhänglichen und drahtigen Wirbelwind zu bestehen, weil man glaubt, mit ihm im alltäglichen Leben mehr Staat machen und mehr Aufmerksamkeit erregen zu können; denn wer will schon einen dicken Hund, dem schnell die Puste ausgeht? Seine Bestimmung ist mit Sicherheit die jagdliche Arbeit und das Arbeiten mit Dummies. Trotzdem fühlt sich ein Labrador Retriever aus einer Arbeitslinie bestimmt auch z. B. bei einem rührigen Agility-Sportler oder Rettungshundler sehr wohl, wenn er gleichzeitig noch mit anspruchsvoller Apportierarbeit gefordert wird. Wenig- oder womöglich Nichtstun verkraftet dieser überaus arbeitswillige Vierbeiner allerdings überhaupt nicht. Schnell wird er zur unerträglichen Nervensäge, zum „Problemfall", zum verkorksten Vorzeige-Labrador, zum abschreckenden Beispiel – obwohl er selbst nicht die geringste Schuld daran trägt.

Labrador Retriever in der Familie

Unbestritten: Das Haupteinsatzgebiet von Labrador Retrievern ist die Familie. Oftmals wird jedoch vergessen, dass auch diejenigen Labis, die als reine Familienhunde ihren Dienst tun, ausreichend und artgemäß beschäftigt werden müssen, damit sie ausgelastet sind. Nur allzu rasch sind diese arbeitswilligen, pfiffigen Hunde unterfordert und können dann schon einmal Verhaltensweisen zeigen, die ihrem ruhigen und ausgeglichenen Wesen ganz und gar widersprechen. Doch es gibt zahlreiche Möglichkeiten, dies zu verhindern: Apportier- oder Geschicklichkeitsübungen auf dem Hundeübungsplatz oder im Gelände (Dummy-Kurse, Agility, Flyball etc.) eignen sich ebenso zur Beschäftigung eines Labrador Retrievers wie ein regelmäßiges Gehorsamstraining zum Beispiel im Rahmen von Junghund-, Begleithund- oder Obedience-Kursen. Aber auch die spielerische Beschäftigung mit dem Hund darf nicht zu kurz kommen. Mit Suchspielen beispielsweise kann man seinen Spürtrieb fördern, sein Spurenlesevermögen trainieren und seine Gedächtnisleistungen steigern. Kleine Bringübungen während des Spaziergangs bieten Abwechslung und stellen gleichzeitig eine rassegerechte Beschäftigung für diese „fleißigen Träger" dar.

Dem Labi zu ermöglichen, regelmäßig mit anderen Hunden zu toben und zu schwimmen, sollte ebenfalls selbstverständlich sein. Sobald er ausgewachsen und sein Bewegungsapparat gefestigt sowie nachweislich gesund ist, darf der nicht allzu stämmige Rassevertreter seine Familie auch am Fahrrad oder dem Pferd begleiten.

Ein Labrador arbeitet eifrig, aber nie hektisch: Ideal für den Einsatz z.B. als Rettungshund (hier bei der Trümmersuche), oder bei der Sprengstoffsuche.

Wesen und Ansprüche

Ein Muss
Arbeit und Bewegung

Der Labrador ist ein sehr ausgeglichener, unerschrockener, äußerst aufgeweckter und lernfreudiger Hund mit einem großen Bewegungsbedürfnis. Wird seinen spezifischen Ansprüchen genügend Rechnung getragen, ist er relativ leicht zu erziehen und auszubilden. Ausreichend gefordert und rassegerecht beschäftigt, wird dieser freundliche und stark menschenbezogene Hund alles daran setzen, seinen Zweibeinern beim gemeinsamen Arbeiten zu gefallen. Obwohl er zu mehreren Menschen seines Familienverbandes eine innige und vertrauensvolle Bindung einzugehen vermag, ist es für den Trainingserfolg dennoch günstiger, wenn Erziehung und Grundausbildung des jungen Labradors ausschließlich von seiner engsten Bezugsperson übernommen werden.

Sein Wesen
Freundlich bis zum Abwinken

Seine überschäumenden Freudenbekundungen, mit denen er sich bei nahezu jedem freundlichen Fremden einzuschmeicheln versteht, bieten immer wieder ein beeindruckendes Schauspiel. Da der Labrador ein sehr aufmerksamer und intelligenter Hund ist, gewöhnt er sich aber daran, sein Temperament zu zügeln und sein Gegenüber nur dann in Labrador-Manier zu bedrängen, wenn seine Besitzer dies erlauben. Frühzeitige Erziehung und Konsequenz im Umgang mit diesem Energiebündel sind jedoch Voraussetzung dafür.

Seine große Liebe
Kinder

Konnte der Labrador während seiner Jugendentwicklung genügend positive Erfahrungen mit Kindern sammeln, ist er im ständigen Umgang mit ihnen außerordentlich geduldig und verlässlich. Aufgrund seines temperamentvollen Wesens und der unterschiedlichen Kräfteverhältnisse zwischen ihm und einem Kleinkind ist es dennoch nicht ratsam, beide miteinander allein zu lassen.

Seine Stärke
Anpassungsfähigkeit

Da der Lab(b)i – so wird der Labrador Retriever von seinen Fans liebevoll genannt – auch ein sehr feinfühliger und ausgesprochen anpassungsfähiger Hund ist, kann er mit den verschiedensten Anforderungen gut zurechtkommen. Nicht umsonst ist er als Blindenführ- oder Behindertenbegleithund hoch geschätzt und auch im Einsatz als Rettungs-, Drogenspür- oder beispielsweise Therapiehund nicht mehr wegzudenken. Sein auffallend friedfertiges und sicheres Wesen ist neben seiner ausgeprägten Spielfreude ebenfalls Grund für seinen großen Erfolg und seine fast weltweite Verbreitung.

Sein Erbe

Arbeitseifer

Mit Prägung und Sozialisation allein ist es bei diesen arbeitsbegeisterten Hunden lange nicht getan. Denn gerade junge Labis sind echte „Workaholics", die, unterfordert und nicht angemessen beschäftigt, gelegentlich auch Verhaltensweisen an den Tag legen, die ihren Besitzern durchaus nicht immer Freude bereiten.

Als hoch spezialisierte Jagdhunde für das Apportieren von (an)geschossenem Wild gezüchtet, haben Labrador Retriever neben ihrem starken Arbeitswillen eine ungeheure Ausdauer und auch ein gutes Stück Selbstständigkeit. Eigenschaften also, die ihren Haltern Beharrlichkeit, Konsequenz, aber auch eine gehörige Portion an Geduld abverlangen.

Seine Talente

Im Dienst des Menschen

Labrador Retriever sind dafür bekannt, mit Begeisterung alles Mögliche und Unmögliche im Fang umherzuschleppen. Die Arbeit mit Dummies bietet daher eine ideale Möglichkeit, diese fleißigen Apportierhunde an Land wie im Wasser rassegerecht zu beschäftigen. Eine Ausbildung zum Therapie-, Behindertenbegleit- oder Besucherhund, Spür- oder Rettungshund bzw. Mantrailer, ein Gehorsamstraining zum Begleithund oder für den Wettkampf (z. B. Obedience), außerdem nicht allzu akribisch betriebene Turnierhundesport- oder Agility-Übungen sowie die Fährtensuche, und natürlich der jagdliche Einsatz, stellen darüber hinaus vielfältigste und abwechslungsreiche Beschäftigungsmöglichkeiten für diese begeisterungsfähigen Hunde dar.

Seine Leidenschaft

Wasser / Schwimmen

Die Vorfahren der Labrador Retriever konnten ihren harten Arbeitsbedingungen im rauen Klima vor der Küste Neufundlands nur durch besondere Anpassungsstrategien trotzen, so u. a. durch ein stark isolierendes „doppeltes" Haarkleid, eine robuste körperliche Konstitution und durch eine außergewöhnlich starke Wasserfreudigkeit. Unsere Labis stehen ihren Ahnen dabei in nichts nach, denn auch sie sind absolute Wasserfanatiker und ganz vorzügliche Schwimmer. Ihr mit dicker Unterwolle ausgestattetes wasserabweisendes Haarkleid und ihr kraftvoller Körperbau mit der typischen kräftigen Rute bieten auch ihnen ideale Voraussetzungen für einen längeren Aufenthalt sogar in schnell fließenden und kalten Gewässern.

Unser Labrador zieht ein

In der Beliebtheitsskala ganz oben

Sowohl die Zucht eines typischen Labradors als auch seine Auswahl erfordern umfangreiche Kenntnisse. Haben Sie sich für einen Labi entschieden, sollten Sie sich vor dem Kauf entsprechendes Wissen aneignen, um die richtigen Entscheidungen treffen zu können. Dann wartet mit Sicherheit eine wunderbare Zeit als Labi-Halter auf Sie. Denn ein typischer Labrador ist so bezaubernd, dass man schnell süchtig nach dieser Rasse wird. Passen Sie also auf – ich spreche aus Erfahrung!

Labrador Retriever, mit ihrer legendär zudringlichen Liebenswürdigkeit, strotzen nicht nur vor Positivprädikaten. Sie haben diese tatsächlich auch. Denn die „Dickfelligen" mit der viel gerühmten stoischen Ruhe werden zum schwebenden Muskelpaket und nehmen wirklich jede Art von Herausforderung bereitwillig an, sobald die ihnen auch nur halbwegs spannend erscheint. Auch lernen sie auffallend schnell, nachhaltig und mit einer Freude, die überaus ansteckend wirkt. Was Wunder, dass diese kompakten Hunde mit der kraftvoll wedelnden „Otter-Rute" sich nicht nur als Gebrauchshunde einen Namen gemacht haben, sondern derzeit auch hierzulande dabei sind, anderen sehr populären Hunderassen den Rang abzulaufen.

Dies ist nicht unbedingt nur Anlass zur Freude, denn eine allzu große und unreflektierte Nachfrage birgt erhebliche Gefahren für den Erhalt ihrer ursprünglichen Wesens- und Verhaltensmerkmale sowie auch ihres typischen Erscheinungsbildes.

Ist er nicht niedlich? Doch der Kauf eines Labrador Retrievers will sehr gut überlegt sein!

Einen Labrador sollte man daher nur aus einer wohlüberlegten Verpaarung gesunder Elterntiere und von einem seriösen Züchter übernehmen. Denn gute Startbedingungen sind die beste Gewähr für eine rassetypische Wesens- und Verhaltensentwicklung.

Doch nicht nur die Züchter sind hier gefordert, alle Halterinnen und Halter ebenso. Denn die Entwicklung gerade derjenigen Hunderassen, die wie der Labrador als leichtführig und sehr menschenbezogen gelten, wird besonders stark von Umwelterfahrungen geprägt, also auch von all dem, was sie zusammen mit uns Zweibeinern erleben können.

Eine Entscheidung fürs Leben

Mit einem Labrador Retriever zusammenzuleben kann zu einer unglaublichen Bereicherung Ihres eigenen Lebens beitragen und Ihnen herrliche und unvergessliche Stunden bereiten. Seine Haltung wird aber mit Sicherheit auch grundlegende Veränderungen Ihres persönlichen Lebensrhythmus und lieb gewonnener Gewohnheiten zur Folge haben.

Auch wenn Sie noch so sehr von einem Labi an Ihrer Seite träumen, führen Sie sich bitte immer wieder vor Augen, dass er ein sehr empfindsames lebendiges Wesen ist, das nach gebührender Beachtung verlangt. Auch legt er eine Menge arteigener Verhaltensweisen an den Tag, die Sie unbedingt akzeptieren müssen. Dass solch ein kleiner Vierbeiner darüber hinaus zahlreiche Bedürfnisse hat, zu deren ständiger Befriedigung Sie sich mit seiner Übernahme verpflichten, sollte selbstverständlich sein.

Überlegungen vor dem Kauf

Labrador Retriever sind kräftige, temperamentvolle und intelligente Hunde mit einem enormen Arbeitswillen und großer Ausdauer. Ursprünglich als Jagdhunde gezüchtet, schlummert dieses Gebrauchshunderbe nach wie vor

Sein anhängliches Wesen, seine Ausstrahlung, sein Fell, seine Art sich zu bewegen und auf Menschen zuzugehen, machen seinen Charme und die auffallend positiven Wirkungen auf unser Gefühlsleben und unsere Gesundheit aus. Geben wir ihm die Chance auf ein gesundes und erfülltes Leben bei uns!

Eine Entscheidung fürs Leben

in ihnen. Um Negativerlebnissen für Mensch wie Hund vorzubeugen, sollten Sie sich, bevor Sie die Anschaffung eines Labradors erwägen und sich intensiver mit seiner Haltung beschäftigen, die nachfolgenden Fragen (siehe S. 25) äußerst gewissenhaft und ehrlich beantworten. Zudem sollten Sie sich unbedingt darüber klar werden, welche Erwartungen Sie an den Hund haben und ob ein Labrador Retriever mit seinem typischen Wesen, seinen rassespezifischen Verhaltensweisen und seinen natürlichen Ansprüchen an seine Halter diese auch erfüllen kann. Als idealer Labrador-Halter dürfen Sie eigentlich keine der Fragen mit Nein beantworten!

Info Top-Ten

Ganz weit oben in den Top-Ten der weltweit am häufigsten gehaltenen Hunderassen hat er sich platziert, so bekannt und beliebt – ja regelrecht trendy geworden – ist er mittlerweile: der Labrador Retriever. Doch auch dieser wirklich liebens- und begehrenswerte Vierbeiner hat spezifische Wesensmerkmale und Bedürfnisse, die seinem Halter Tag für Tag Rücksichtnahme abverlangen, ebenso Konsequenz und Selbstdisziplin.

Welpe oder älterer Hund?

Haben Sie alle Fragen gründlich überdacht und sind zu dem Schluss gekommen, dass Sie alle Einschränkungen Ihrer persönlichen Freiheit immer in Kauf nehmen werden und unter keinen Umständen auf das Zusammenleben mit einem Labrador Retriever verzichten wollen, dann können Sie sich jetzt fragen: Soll es ein Welpe oder ein älterer Hund sein?

Ein Welpe muss zur Stubenreinheit erzogen werden, und das geht nicht von heute auf morgen. Danach folgt die Zeit des Zahnwechsels, während der ein Junghund alles Erdenkliche anzukauen und zu zerbeißen versucht. Aber das gehört eben zur Welpenentwicklung. Gleichzeitig haben Sie dabei die einmalige Gelegenheit, den jungen Labrador von Anfang an liebevoll, aber konsequent an die in Ihrer Gemeinschaft geltenden Spielregeln zu gewöhnen und die „Weichen" für seine Zukunft zu stellen: Denn Sie selbst können – und dies bereits in einer sehr frühen Lebensphase Ihres Vierbeiners – auf alle diejenigen Aspekte, die in Ihrem persönlichen Umfeld von Bedeutung sind oder für den späteren Einsatz Ihres Hundes wichtig werden könnten, Ihre Schwerpunkte setzen.

Ein erwachsener oder älterer Labrador (z.B. aus dem Tierheim) wird vermutlich seine Ecken und Kanten haben, auf die Sie nur wenig Einfluss nehmen können. Solch ein Hund aus 2. Hand wird aber mit Sicherheit alles daran setzen, Ihnen zu gefallen, um bleiben zu dürfen.

Anatomisch zeigen Hündin (links) und Rüde (rechts) sehr markante Unterschiede. Betrachtet man indes Wesens-, Charakter- und Verhaltensmerkmale (z.B. Zuneigung, Lernbereitschaft, Arbeitswille), so sind – meiner Erfahrung nach – diese zwischen einzelnen Individuen deutlich größer als die zwischen Hündin und Rüde.

Bei einem älteren Hund ist dies nicht mehr so einfach und vor allem nicht mehr nur ausschließlich spielerisch möglich. Etwas mehr Nachdruck ist dann meistens erforderlich.

Wenn der Hund im Welpenalter eine gute Prägung erfahren hat und ausreichend sozialisiert wurde, dürfte aber auch die Übernahme eines schon etwas älteren Labradors keine ernsthaften Probleme mit sich bringen. Insbesondere dann nicht, wenn er seine Pubertät – die ungefähr zwei Monate dauert und zwischen dem siebten und elften Lebensmonat auftritt – bereits hinter sich hat und aus dem „Flegelalter" heraus ist.

Hündin oder Rüde?

Labrador-Hündinnen sind meist etwas kleiner und feingliedriger als Labrador-Rüden. Rüden wiederum sind kompakter, haben einen größeren und breiteren Schädel und eine tiefere Brust. Bei ihnen bedarf es bisweilen etwas mehr erzieherischer Konsequenz, besonders dann, wenn sie sich, ihrer Natur folgend, zu läufigen Hündinnen momentan mehr hingezogen fühlen als zu ihren Besitzern. Aber auch bei Hündinnen können sich kurz vor, während und einige Wochen nach ihrer Läufigkeit Verhaltensveränderungen bemerkbar machen, die dem Halter Einfühlungsvermögen und Rücksichtnahme abverlangen.

Die Läufigkeit tritt bei Labrador-Hündinnen in der Regel zweimal im Jahr auf und dauert jeweils ungefähr drei Wochen. Erstmals läufig und damit sexuell aktiv werden sie mit acht bis zehn Monaten. Es kann aber auch bis zu ihrem zweiten Geburtstag dauern. Bei Rüden macht sich die sexuelle Reife dadurch bemerkbar, dass sie nun nicht mehr wie Hündinnen im Hocken urinieren, sondern dazu „das Bein heben". Labi-Rüden zeigen erstes Markierverhalten üblicherweise zwischen dem neunten und elften Lebensmonat.

Fragen zur Labrador-Haltung

Frage	Bedenken Sie
Passt ein Labrador zu uns?	Nicht als Schutzhund geeignet, prädestiniert als Familienhund.
Haben Sie Zeit und „Hundeverständnis" für den Labrador?	Äußerst begeisterungsfähige, bewegungsfreudige und verspielte Hunde. Müssen bis ins hohe Alter gefördert und beschäftigt werden.
Bekommt er Kontakt zu anderen Hunden?	Hunde brauchen den regelmäßigen Umgang mit ihresgleichen.
Haben Sie genügend Platz?	Sehr menschenbezogen, daher für Zwingerhaltung völlig ungeeignet. Hinterlässt aber Spuren in der Wohnung, z. B. während des Fellwechsels. Empfehlenswert: ein eingezäunter Garten.
Sind alle Familienmitglieder einer Meinung?	Der Hund muss von allen gewollt werden. In Erziehungsfragen soll Einigkeit herrschen. Rücksichtnahme und Kompromissbereitschaft ist von allen gefragt.
Sind die Kinder alt genug für einen Hund?	Ein Welpe ist kein Spielzeug! Für Kinder gelten im Umgang mit dem Hund die gleichen Regeln wie für Erwachsene. Kleinkinder nie unbeaufsichtigt beim Hund lassen.
Darf der Labrador mit in die Ferien?	Der Labi will immer bei seinem Menschen sein! Reisen, aber auch Trennung bedeuten Stress. Hitzeempfindlich – kühle Ziele sind empfehlenswerter.
Muss er nicht lange allein bleiben?	Nicht länger als drei bis vier Stunden allein lassen. Langsam ans Alleinbleiben gewöhnen.
Können Sie ihn bis ans Lebensende versorgen?	Ab etwa acht Jahre ist der Labi ein Senior: Ernährungs- und Haltungsansprüche ändern sich, seine Sinnesorgane verlieren an Leistungskraft, er wird krankheitsanfälliger.
Reichen die Finanzen?	Anschaffungskosten ca. 1.100 – 1.400 Euro (wobei für einzelne Farben, etwa Braun, nicht generell mehr verlangt bzw. bezahlt werden sollte!), jährlicher Unterhalt ca. 1.250 Euro, weitere nicht vorhersehbare Kosten, z. B. im Krankheitsfall.

Einem Welpen kann man eine mögliche Krankheitsveranlagung meist nicht ansehen. Größtmögliche Sicherheit dafür, dass er gute Anlagen mitbringt, bietet seine Abstammung von gesunden Eltern, Großeltern und Urgroßeltern.

Die Wahl des passenden Züchters

Kaufen Sie Ihren Labrador Retriever niemals bei Tierhändlern oder dort, wo Ihnen die Welpen einfach nur leidtun!

Lassen Sie sich von vermeintlichen „Billigangeboten" nicht ködern, denn diese werden sich mit Sicherheit nicht auszahlen. Tierarzt- oder Hundepsychologen-Rechnungen für kranke, vernachlässigte, falsch geprägte oder überhaupt nicht sozialisierte Hunde mit nicht selten völlig irreparablen Verhaltensstörungen werden die Mehrausgaben für ein gesundes Tier aus der Zucht eines seriösen Labrador-Züchters rasch um ein Mehrfaches übersteigen. Entscheiden Sie sich deshalb bitte unbedingt für eine offiziell anerkannte und kontrollierte Zuchtstätte, aus der Sie Ihren Retriever übernehmen! Und bezahlen Sie für den derzeit besonders begehrten Farbschlag Schokobraun niemals wesentlich mehr als die für Labrador Retriever allgemein übliche Summe. Dass Sie für den Nachwuchs aus einer besonders hoch dekorierten Schönheits- oder einer Arbeitschampion-Verpaarung tiefer in die Tasche greifen müssen, leuchtet ein, nicht aber für die Fellfärbung als solche.

Retriever aus seriöser Zucht

In Deutschland gibt es zwei dem VDH (Verein für das Deutsche Hundewesen e. V.) angeschlossene Rassehunde-Zuchtvereine, die sich dem Labrador Retriever verschrieben haben:
> der 1963 gegründete Deutsche Retriever Club (DRC), in dem neben dem Labrador auch die fünf anderen Retriever-Rassen gezüchtet und betreut werden, und
> der 1984 gegründete Labrador Club Deutschland (LCD), der ausschließlich Labrador Retriever züchtet und sich um deren Belange kümmert.

Beide Vereine sind Mitglied im Jagdgebrauchshundverband (JGHV).

Im Retriever Club Schweiz (RCS) sowie im Österreichischen Retriever Club (ÖRC) hat die Labrador-Zucht ebenfalls eine sehr lange Tradition.

Aktivitäten der Rasseclubs

Um sich selbst einen Eindruck von den Eigenschaften und Verhaltensweisen von Labrador Retrievern zu verschaffen und um die verschiedenen Zuchtlinien kennenzulernen, müssen Sie freilich jede sich bietende Gelegenheit wahrnehmen, die Hunde „aus der Nähe" zu betrachten. Hundeausstellungen, die zahlreichen klubinternen Trainings- und Prüfungsveranstaltungen sowie die ebenfalls von den Retriever-Vereinen organisierten Wanderungen, Freizeiten, Stammtische usw. bieten dazu reichlich Möglichkeiten. In den Geschäftsstellen der Retriever-Vereine gibt man Ihnen gern Informationen

Die Wahl des passenden Züchters

Bringen Sie Zeit mit, wenn Sie auf Welpenschau gehen! Bedenken Sie gleichzeitig, dass ein gewissenhafter Züchter viele Welpeninteressenten empfängt und berät. Das Großziehen eines Wurfes ist nämlich ein echter Ausnahmezustand.

über Termine, Veranstaltungsorte und Ansprechpartner in Ihrer Nähe. Auch ein regelmäßiger Blick ins Internet lohnt sich, denn auch dort werden solche Angebote rechtzeitig angekündigt.

Wenn Sie dann an derartigen Veranstaltungen teilnehmen, scheuen Sie sich nicht, die Besitzer der Hunde anzusprechen und sich über deren Erfahrungen mit ihren Tieren zu erkundigen. Im Allgemeinen sind „Retriever-Leute" äußerst kommunikative Menschen, die bereitwillig über ihre vierbeinigen Begleiter Auskunft geben. Meist sind unter den Ausstellern und Prüfungsteilnehmern auch einige Züchter, die Sie befragen können, beispielsweise darüber, wann der nächste Wurf geplant ist, welche Ausbildungen und Gesundheitsergebnisse ihre Zuchthunde haben und vieles mehr. Nach all diesen Gesprächen lassen Sie sich einfach hineinfallen und beobachten das bunte Treiben um sich herum. Nur so können Sie erspüren und sich ein Bild davon machen, wie Labis wirklich sind.

Info | So erkennen Sie einen guten Züchter

> Seine Zuchthunde und Welpen haben ein gepflegtes Äußeres und vermitteln den Eindruck bester Gesundheit, vollster Zufriedenheit und Lebensfreude.
> Althunde wie Welpen sind unbefangen, freundlich und sehr kontaktfreudig.
> Hundelager und Auslauf sind sauber.
> Der Aufzuchtbereich liegt im oder in unmittelbarer Nähe des Wohnbereichs.
> Die Welpen haben abwechslungsreiche Beschäftigungsmöglichkeiten und die Chance, vielfältigste Umweltbedingungen kennenzulernen, um ihre Sinne zu schulen.
> Die Welpen werden mit Dingen wie Staubsauger, klappernde Topfdeckel, Küchenmaschine, Föhn, Radio, Rasenmäher usw. vertraut gemacht. Im günstigsten Fall lernen sie sogar schon, im Auto mitzufahren.
> Die Welpen dürfen mit den Besuchern spielen und im Alter von ca. sieben Wochen auch Kontakt zu anderen (geimpften!) Hunden aufnehmen.
> Er gibt bereitwillig Auskunft über den Gesundheitszustand seiner Tiere und gewährt Einblick in sämtliche Untersuchungsergebnisse.
> Mit allen Hunden geht er fürsorglich um und berät Interessenten ausführlich.

Selbst wenn es nur ein Laubblatt ist: Die Aufmerksamkeit eines Labradorkindes ist flugs geweckt. Schmecken tut's zwar nicht, aber Apportieren kann man es prima.

Lehrgänge für retrieverspezifische Ausbildungsfächer (z. B. Einweisen auf Dummies) nur von den Retriever-Vereinen angeboten und durchgeführt. Da Hunde ohne FCI- bzw. VDH-anerkannte Ahnentafeln bei derartigen klubinternen Veranstaltungen jedoch keinen Ausbildungsplatz bekommen können, bleiben Labis „ohne Papiere" gerade solche rassetypischen Ausbildungsgänge verschlossen.

Besuch beim Züchter

Da die Retriever-Vereine ihren Züchtern nicht nur in Bezug auf Gesundheit und Wesensfestigkeit der Zuchttiere, sondern auch hinsichtlich der räumlichen Ausstattung und züchterischen Kompetenz strenge Reglements auferlegen, ist die Chance groß, dort einen erstklassigen Labrador-Welpen zu bekommen. Aber wie überall gibt es auch hier beträchtliche Unterschiede. Gehen Sie deshalb bei der Wahl Ihres Labrador-Züchters äußerst gewissenhaft vor, und lassen Sie sich dabei sehr viel Zeit! Besuchen Sie mehrere Züchterinnen und Züchter, und vergleichen Sie die Zuchthündinnen, wenn die Gelegenheit besteht, auch die Deckrüden

Ausbildungsangebote

Nicht nur die Gesundheit Ihres Labrador Retrievers, sondern auch die Chance auf seine rassegerechte Erziehung und Ausbildung kann davon abhängen, für welche „Art von Züchter" und somit für welche „Art von Abstammungsnachweis" Sie sich entscheiden. Denn die speziell auf die Bedürfnisse und die Leistungsfähigkeit von Retrievern abgestimmten Ausbildungsprogramme in Welpen-, Junghund- und Fortgeschrittenenerziehungskursen werden ebenso wie die verschiedenen

Ein guter Labradorzüchter fördert und fordert seine Welpen, indem er ihnen beste Möglichkeiten schafft, ihre Sinne zu schulen und vielfältigste Erfahrungen zu sammeln. Dazu gehört auch der Umgang mit Stress und Frustration – in sanftester Form, versteht sich.

Die Wahl des passenden Züchters

Das sichere Wesen und die eindeutigen Verhaltensmuster der Mutter geben dem Zwerg Sicherheit. Hierbei wird der Grundstein für seine gesunde Verhaltensentwicklung gelegt. Denn neben den Genen ist es die Umwelt, die diesen Schritt maßgeblich mitbestimmt.

sowie die Aufzuchtbedingungen. Bedenken Sie bei Ihrer Wahl, dass die erste Zeit beim Züchter entscheidende Bedeutung für die weitere Entwicklung Ihres Labradors haben wird. Denn gerade während seiner ersten Lebenswochen ist der Welpe außerordentlich aufnahmebereit für ganz spezifische Lerninhalte, die er in späteren Stadien seines Lebens nicht mehr oder nur noch sehr viel schwerer erlernen und weniger dauerhaft im Gedächtnis speichern kann (Prägungsphase). Negativerlebnisse bleiben ihm gerade jetzt stark in Erinnerung. Auch emotional ist er jetzt besonders formbar.

Wichtige Dokumente

Überzeugt Sie die Atmosphäre der Zuchtstätte, lassen Sie sich vom Züchter die Ahnentafeln der Zuchthunde zeigen. Bitten Sie um Einsicht in die Ergebnisse der Röntgenuntersuchungen auf Hüftgelenk- und Ellenbogengelenk-Erkrankungen. Erkundigen Sie sich nach den jährlichen Augenuntersuchungen auf progressive Retina-Atrophie, Retina-Dysplasie und vererbbaren Katarakt der Zuchthunde und deren Groß- und Urgroßeltern. Da die genannten Gelenk- und Augenerkrankungen überwiegend erblich bedingt sind und bei Labrador Retrievern leider relativ häufig auftreten, ist es sehr wichtig, dass Sie sich auch über den Gesundheitszustand der vorangegangenen Generationen informieren. Fragen Sie ruhig auch danach, ob in der Vergangenheit gehäuft Hypothyreose (Unterfunktion der Schilddrüse), Epilepsie, Allergien, Tumorerkrankungen oder z. B. extreme Gebissfehler aufgetreten sind.

> **Tipp | Auswahl**
>
> Stellen Sie nicht die „Schönheit", sondern die Gesundheit der Zuchttiere als Auswahlkriterium an erste Stelle. Denn nur erbgesunde, leistungsfähige Eltern und instinktsichere Muttertiere, außerdem arttypische Prägung sowie artgerechte Aufzuchtbedingungen seitens des Züchters und nicht zuletzt konsequente Erziehung und rassegemäße Beschäftigung durch den Hundehalter sind die Gewähr für gesunde, wesensfeste, ausgeglichene und arbeitsfähige Labrador-Nachkommen.

Im freundschaftlichen Spiel mit dem Welpen können Sie einiges über seinen Charakter erfahren. Sanft auf den Rücken gekullert, wie verhält er sich? Macht er ein raues Sozialspiel daraus, bleibt er verdutzt und länger völlig reglos liegen oder zeigt er sich spielerisch widerstrebend dabei?

Die richtige Wahl

Sobald Sie sich für eine Zuchtstätte entschieden haben und die ausgewählte Hündin ihre Welpen zur Welt gebracht hat, vereinbaren Sie mit dem Züchter einen Besuchstermin. Um eine Störung der Mutterhündin und der Saugwelpen zu vermeiden, sollten Sie diesen Besuch jedoch auf keinen Fall vor Ablauf der zweiten Lebenswoche der Welpen einplanen. Ungefähr in der dritten Woche nach der Niederkunft der Hündin dürfen Sie dann endlich Ihrer Ungeduld nachgeben und die Kleinen besichtigen.

Lassen Sie sich Zeit – spielen und schmusen Sie mit allen Welpen. Zögern Sie nicht, sich vom Züchter beraten zu lassen, denn er kennt den Charakter seiner Hunde und kann Ihnen helfen, das für Ihre Bedürfnisse am besten geeignete Tier zu finden. Nach Absprache dürfen Sie auch gern mehrere Besuchstermine wahrnehmen, am besten zu unterschiedlichen Tageszeiten, denn die Welpen verhalten sich natürlich nicht an jedem Tag und zu jeder Tageszeit gleich. Nutzen Sie solche Gelegenheiten, denn nur so können Sie das Heranwachsen Ihres Kleinen mitverfolgen und bereits erste prägende Kontakte zu Ihrem künftigen vierbeinigen Begleiter aufbauen.

Sie sollten nicht überrascht sein, sondern sich sogar darüber freuen, wenn auch der Züchter viele Fragen an Sie als möglichen Welpenkäufer hat. Denn ein guter Züchter möchte wissen, wo und wie sein kleiner Schützling sein weiteres Leben verbringen wird und welchen „Beruf" er bei Ihnen einmal ausüben soll.

Haben Sie Ihren kleinen Liebling gefunden, dann werden Sie natürlich sofort Ihren Kalender nehmen und seinen Abholtag in der achten Lebenswoche rot markieren. Mindestens genauso wichtig ist es aber auch, dass Sie sämtliche unnötigen und aufschiebbaren Termine der an diesen entscheidenden Tag anschließenden drei bis vier Wochen rigoros streichen. Denn der Labi-Welpe wird in diesen ersten Wochen Ihre volle Aufmerksamkeit fordern.

Grundausstattung

Bevor Ihr neues Rudelmitglied ins Haus kommt, sollten Sie zumindest seinen Hauptaufenthaltsbereich auf Hundetauglichkeit hin überprüfen. Giftige Zimmerpflanzen und winzige Kleinteile, die der Welpe fressen könnte, müssen Sie aus dem Bodenbereich entfernen. Stromkabel, die er in einem unbeobachteten Moment benagen könnte, müssen hundesicher verstaut werden. Ebenso sollten Sie kostbare Nippes aus dem „Schwanzwedelbereich" Ihres neuen Freundes verbannen, denn die freudig getragene Rute ist das Markenzeichen des Labrador Retrievers – erinnern Sie sich?

Ein Platz zum Schlafen
Überlegen Sie außerdem sehr sorgfältig, wo Sie Ihrem Retriever den Ruhebereich einrichten wollen. Ideal wäre ein zugfreier, nicht gerade vor der Heizung gelegener Platz, an den er sich ungestört zurückziehen kann, wo er aber dennoch die Möglichkeit hat, das Leben um sich herum zu verfolgen. Wenn Sie ihm dort ein saugfähiges, waschbares Hundefell, ein Hundekissen oder eine Hundewanne, ausgelegt mit einer warmen Decke, bereitstellen, wird er diesen Ort schnell akzeptieren. Denken Sie zudem darüber nach, an welcher Stelle der Labrador sein Futter einnehmen und wo der Wassernapf stehen soll. So kann er sich rasch an die Gepflogenheiten gewöhnen.

Info Erstausstattung

> Schlafunterlage, z. B. Hundewanne aus Hartkunststoff, waschbares Kunstfell oder spezielles Hundebett gefüllt mit Kunststoffkügelchen oder Fleece und mit Wechselbezug.
> Wasser- und Futternapf: Besonders praktisch sind Edelstahlnäpfe, die an der Basis verbreitert und somit sehr standfest sind, außerdem höhenverstellbare Näpfe.

> Spielzeug: Ideal sind Spieltaue aus Baumwolle, verknotete Tücher, ausgestopfte Socken sowie leere Kartonagen (ohne Metallteile!) zum Zerreißen, besonders während des Zahnwechsels, außerdem kleine Büffelhautknochen zum Benagen und zur Zahnpflege. Besser geeignet als Tennisbälle sind z. B. strapazierfähige Kunststoff-Noppenbälle.
> Leder- oder z. B. Nylonhalsband „ohne Zug", 1,5 bis 2 cm breit und 40 cm lang
> Leichte Leine aus Leder oder z. B. Nylongewebe, 1 m lang mit Bolzenhaken
> Hundepfeife aus Kunststoff mit hellem Pfeifton und Triller
> Welpendummy, ca. 200 g schwer, schwimmfähig
> Naturhaarbürste, Noppenhandschuh
> Zeckenzange
> Und für unterwegs: Futter-Wasser-Napf mit integriertem Wasserkanister, Auto-Sicherheitsgurt.

Junge Labradorwelpen sind auffallend neugierig und erkunden ihr Umfeld mit anhaltendem Interesse. Gerade jetzt sind abwechslungsreiche Umweltreize sehr wichtig.

Mehr Sicherheit
Labrador Retriever sind sehr rasch- und noch dazu relativ großwüchsig. Um ernsthaften Erkrankungen ihrer Gelenke und Bänder vorzubeugen, dürfen sie gerade während der Zeitspanne ihres stärksten Wachstums bis zum siebten Lebensmonat nicht zu stark belastet werden. Darauf müssen Sie nicht nur bei Ihren täglichen Spaziergängen und beim Spielen mit Artgenossen unbedingt achten, sondern auch zu Hause. So sollten Sie Ihren jungen Retriever möglichst selten Treppen steigen, vor allem aber keine Stufen hinunterspringen lassen: Schutzgitter an Treppenauf- und -abgängen haben sich ausgezeichnet bewährt, die kleinen Temperamentsbündel mit ihrem enormen Tatendrang davon abzuhalten.

Auch Gartenteiche sollten Sie mit einem umlaufenden Gittergeflecht absichern. Denn in einem unbeaufsichtigten Augenblick könnten steile Böschungen Ihrem neugierigen kleinen Vierbeiner zum Verhängnis werden.

> **Tipp | Registrierung**
>
> Es empfiehlt sich, die Chipcode-Nummer bei einem der zentralen Haustier-Registrierungszentren erfassen zu lassen, denn dies ermöglicht die zweifelsfreie Identifizierung des Hundes (z. B. im Falle eines Verlustes) sowie die rasche Ermittlung seines Besitzers. Adressen finden Sie im Anhang (siehe S. 123).

Immer in Ihrer Nähe
Nutzen Sie die verbleibende Zeit, um noch einige Besorgungen zu machen, denn große Einkaufstouren werden in den ersten Wochen zusammen mit dem Welpen sicher nicht möglich sein. Ist der Kleine erst einmal bei Ihnen eingezogen, kann er natürlich noch nicht allein zu Hause bleiben, und Sie müssen ihn – sollte kein Betreuer einspringen können – zunächst einmal auf Schritt und Tritt mitnehmen.

Auf ins neue Zuhause

Ist der große Tag gekommen, an dem Sie zum Züchter fahren, um Ihren kleinen Labrador Retriever abzuholen, nehmen Sie unbedingt einen Begleiter mit, der Ihren Welpen während der Autofahrt auf dem Schoß halten kann. Noch besser ist es, Sie selbst kümmern sich auf dem Rücksitz des Wagens liebevoll um Ihren Kleinen. Denn dieses erste Beisammensein in einer fremden Umgebung wird für Ihr weiteres Zusammenleben mitbestimmend sein. Vergessen Sie nicht, eine warme Decke, einige saugfähige Tücher sowie Trinkwasser und einen Wassernapf mitzunehmen.

Formalitäten
Vom Züchter bekommen Sie einen Kaufvertrag sowie die Ahnentafel, also den Stammbaum Ihres Hundes. In diesem Abstammungsnachweis finden Sie die letzten vier bis fünf Generationen Ihres Labradors aufgelistet, außerdem die Röntgenuntersuchungsergebnisse, eventuelle Schautitel oder z. B. Arbeitsleistungen. Namen und Mikrochip-Nummern (mit 15- bzw. 16-stelligen Codes) Ihres Hundes und seiner Geschwister sind darin ebenfalls vermerkt. Sollte die Ahnentafel vom zuständigen Zuchtverein noch nicht ausgestellt worden sein, verpflichtet sich der Züchter, diese nach Erhalt sofort an Sie weiterzuleiten. Manche Züchter sind so rührig, dass sie ihren Welpenkäufern eine ganze Mappe an Unterlagen aushändigen, z.B. von Schönheits- und Arbeitserfolgen der Elterntiere, Fotografien, ein Geburtsprotokoll, Gewichtstabellen, usw.

Begeistert und völlig unbekümmert schließt sich der kleine Labiwelpe seinem neuen Rudel an und folgt ihm auf dem Weg in eine spannende Zukunft.

Unser Labrador zieht ein

Beim Spiel mit Gleichaltrigen können die Labrador Retriever angepasstes Sozialverhalten trainieren.

Impfpass und Futterempfehlung

Den internationalen Impfpass Ihres Welpen mit den Eintragungen der bereits vorgenommenen Injektionen und die Termine für anstehende Impfungen und Wurmkuren werden Ihnen vom Züchter ebenfalls ausgehändigt. Nützlich kann auch sein, sich danach zu erkundigen, welche Präparate zur regelmäßigen Entwurmung des Welpen eingesetzt wurden bzw. zur weiteren Behandlung empfohlen werden.

> **Tipp | Welpenspieltage**
>
> Immer mehr Labrador-Züchter bieten selbst Welpenspielstunden an. Vielleicht haben Sie Glück und auch Ihr Züchter zählt dazu. Dann vergessen Sie nicht, sich Termine und Veranstaltungsort zu notieren!

Damit der junge Labrador nicht bereits in den ersten Tagen im neuen Heim eine Futterumstellung mitmachen muss, bekommen Sie in der Regel auch etwas Welpenfutter einschließlich Dosierungsanweisungen und Angaben zu den gewohnten Fütterungszeiten mit nach Hause.

Die Fahrt nach Hause

Der Welpe hat am Abreisetag vom Züchter keine oder nur eine kleine Mahlzeit erhalten. Füttern auch Sie ihn während der Fahrt nicht, damit er sich nicht übergeben muss und so schlechte Erfahrungen mit dem Autofahren macht, die ihn negativ prägen könnten. Spielen Sie vor Antritt der Fahrt ausgiebig mit Ihrem Hund, dann wird er bald müde werden und die meiste Zeit ruhig schlafen. Sollte er doch unruhig werden und speicheln, machen Sie eine kurze Rast und spielen mit ihm. Vielleicht löst er sich sogar. Wenn er wieder schläfrig geworden ist, können Sie Ihre Heimfahrt fortsetzen.

Sollte Ihr Kleiner zu den wenigen Labis zählen, die das Autofahren noch nicht sonderlich mögen und während der gesamten Fahrt herzzerreißend jammern, dann bedauern Sie ihn bitte möglichst nicht. Er könnte sich sonst daran gewöhnen, auf diese Weise bemutternde Fürsorge von Ihnen zu ergattern. Machen Sie ihn auch nicht in besonderer Weise auf Umgebungsreize aufmerksam. Er braucht sich nicht für alles zu interessieren. Schließlich bedeutet Autofahren: Ruhig abwarten, bis das Fahrtziel erreicht ist.

Die ersten Tage

Daheim angekommen, bringen Sie Ihren kleinen Welpen zuerst in den Garten an seinen zukünftigen Löseplatz und ermuntern ihn mit Ihrem „Zauberwörtchen", dort sein Geschäft zu verrichten. Da der Kleine wahrscheinlich zunächst noch mit Schnuppern beschäftigt sein wird, müssen Sie unbedingt Geduld mit ihm haben. Löst er sich schließlich, loben Sie ihn dabei in den allerhöchsten Tönen und wiederholen gleichzeitig Ihr Schlüsselwort.

Lob und Tadel

Nachdem Sie Ihren Labrador wieder ins Haus getragen haben, soll er dort Gelegenheit bekommen, alles zu erkunden und ausgiebig zu beschnüffeln. Bleiben Sie in seiner Nähe, und beobachten Sie ihn! Sollte er sich anschicken, an den Teppichfransen oder anderen für ihn verbotenen Gegenständen zu knabbern, verbieten Sie es sofort. Dazu genügt ein ruhiges und in tiefer Stimmlage gesprochenes NEIN. Denn grob oder ausfallend dürfen Sie bei Ihren Erziehungsmaßnahmen niemals werden, weder beim Welpen noch beim jugendlichen oder erwachsenen Labrador Retriever. Ihr Ziel ist es ja, eine freundschaftliche Verständigung mit Ihrem Vierbeiner aufzubauen und auch zu erhalten.

Wiederholen Sie Ihr Verbotswort konsequent, wann immer Ihr Kleiner sein verbotenes Tun erneut probieren will. Schnell müssen Sie dabei schon sein. Ja, am besten Sie lassen Ihre Maßregelung bereits im Vorfeld seiner Handlung ertönen. Dann kann der Welpe Ihr NEIN auch sicher mit seinem Vergehen in Verbindung bringen und rasch erkennen, was Sie eigentlich von ihm erwarten.

> **Tipp | Name**
>
> Den Namen Ihres kleinen Welpen setzen Sie natürlich schon so oft wie möglich ein, aber nur im Zusammenhang mit einem Lob, niemals mit Tadel! Der Hund soll lernen, dass dieses Wort stets etwas Positives für ihn bedeutet.

Ein Mangel an Zuwendung hat für einen so stark menschenbezogenen Hund wie den Labrador verheerende Folgen! Beim Üben des „Benimm-Einmaleins" darf deshalb keinesfalls übertrieben werden.

Wo immer er seine Geschäftchen verrichtet, ob im heimischen Garten oder draußen auf der Wiese: Löst sich der kleine Kerl, wird stets tüchtig gelobt.

Oder ist es nicht viel schöner mitzuerleben, wie der kleine Labrador gerade jene Verhaltensmuster vermehrt und überaus begeistert ausführt, die Sie befürworten?

Voraussetzung für eine solche Reaktion des Welpen ist freilich, dass Sie Ihrem Hund Ihre freudige Zustimmung auch deutlich zu verstehen geben und ihn damit in seinem Tun bestätigen und bestärken. So z. B., indem Sie ihn zärtlich streicheln und gebührend loben. Wenn Sie dabei immer dieselben, mit sehr hoher Stimme gesprochenen Worte – z. B. braaaav, Bonnie, braaaav – verwenden, dann hat Ihr Welpe mit Sicherheit blitzschnell verstanden.

Stubenreinheit

Wenn Ihr kleiner Welpe nach den Anstrengungen der ersten Erkundungsgänge müde geworden ist, nehmen Sie ihn zu sich und setzen sich mit ihm zusammen an seinen Ruheplatz. Schmusen Sie mit ihm und streicheln ihn dabei behutsam. Dann wird er dort sicher schnell einschlafen. Hat er sich nach einem kurzen Nickerchen wieder erholt und ist zu neuen Taten bereit, bringen Sie ihn zuallererst wieder an seinen Versäuberungsplatz in den Garten. Erst danach spielen Sie ausgiebig mit ihm. Nach einem erneuten „Zum-Lösen-Gehen" bereiten Sie Ihrem Labrador eine kleine Mahlzeit zu. Und im Anschluss daran bringen Sie ihn noch einmal zum Versäubern.

Auch wenn Ihnen dieses Vorgehen im Moment sehr aufwendig erscheinen mag – Sie werden sehen, Ihr Kleiner ist mittels der im Kasten beschriebenen Methode nach zwei bis vier Wochen stubenrein und zeigt Ihnen an, wenn es an der Zeit ist, ihn in den Garten hin-

Vorausschauend denken

Labrador Retriever sind sehr aufgeschlossen und äußerst lernbegierig. Dennoch lernen auch sie über freundliche Bestätigung (= positive Handlungsbestärkung, siehe S. 80) schneller und exakter als über Tadel. Deshalb gilt es insbesondere im Welpenalter darauf zu achten, den Kleinen erst gar nicht in Situationen geraten zu lassen, in denen er zahlreiche „Fehler" begehen kann! Das heißt konkret: Schuhe, die zernagt werden könnten, werden weggeräumt; kostbare Gartenpflanzen, die ausgebuddelt werden könnten, werden eingezäunt; Lebensmittel, die gestohlen werden könnten, bekommen ihren Platz im obersten Regal usw. Wie Sie sehen, sind Einsatzbereitschaft und vorausschauendes Handeln Ihrerseits unbedingt gefragt. Aber es lohnt sich.

> | Stubenreinheit | 37

> **Tipp** | **Stubenrein**
>
> **Bringen Sie ihn**
> › nach jedem Fressen,
> › nach jedem ausgelassenen Spiel,
> › nach jedem Erwachen
> › und im Mittel alle 30 Minuten zum Löseplatz.
>
> Glauben Sie ihm immer, auch wenn er erst vor zehn Minuten draußen war! Läuft er breitbeinig und mit der Nase am Boden suchend im Zimmer umher, muss es jetzt sein! Die „kleinen Missgeschicke" werden sich dann sicher in Grenzen halten.

Die ersten Nächte

Sobald Ihr Welpe während der Nacht wach wird, heißt es ebenfalls: Rasch in den Bademantel geschlüpft und mit dem Kleinen auf dem Arm hinaus in den Garten. Haben Sie sein Nachtlager direkt neben Ihrem Bett aufgeschlagen, können Sie seine Unruhe rechtzeitig bemerken und auch schnell darauf reagieren. Gönnen Sie Ihrem kleinen Labi-Welpen besonders in dieser Nacht, in der er zum ersten Mal von Mutter und Geschwistern getrennt schlafen muss, Ihre unmittelbare Nähe und einige Streicheleinheiten.

Wenn er in ein paar Wochen stubenrein ist und die ganze Nacht durchschläft, kann er ja immer noch seinen endgültigen Schlafplatz beziehen. Sie brauchen keine Bedenken zu haben, dass er zeitlebens in Ihrem Schlafzimmer übernachten wird, wenn Sie ihn in den ersten Wochen dort schlafen lassen. Im Gegenteil: Er wird viel rascher Vertrauen zu Ihnen gewinnen und dabei Selbstsicherheit entwickeln können, wenn Sie ihn gerade in diesen ersten Nächten nicht allein in einen separaten Raum verbannen, wo er sich wirklich einsam und verlassen vorkäme.

auszulassen. Begleiten Sie ihn weiterhin nach draußen, und loben Sie ihn ausgiebig, während er dort alles brav erledigt.

Dem Welpen die empfindliche Nase ins „feuchte Malheur" zu stoßen ist übrigens absolut kontraproduktiv und muss unbedingt unterlassen werden. Stattdessen sollte der Zweibeiner im Falle eines Missgeschicks lieber überlegen, welche Signale seines Welpen er übersehen hat, und künftig genauer hinschauen.

Im Land der Träume: Der Kleine schmatzt, wufft, wedelt, zuckt mit den Pfoten und rollt die Augen. Wecken Sie ihn jetzt auf keinen Fall! Diese Traumschlafphasen sind für die Entwicklung seines Gehirnchens von elementarer Bedeutung.

Vom Welpen zum Hund

Die ersten vier Lebenswochen

Entwicklung der Welpen

Die ersten Wochen im Leben eines Hundes sind sehr aufregend. Zu Beginn geben die Kleinen nur leise Fiep- und Murrgeräusche von sich. Doch schon nach ca. 14 Tagen öffnen sich ihre Augen und die Welpen reagieren auf Geräusche.

Aufgaben des Züchters

In dieser Zeit ist die gute Versorgung der Mutterhündin ganz besonders wichtig. Der Züchter muss darauf achten, dass sie genug Milch hat, dass es zu keinen Gesäugeentzündungen kommt und dass die Wurfkiste immer sauber und trocken ist. Die Welpen werden regelmäßig gewogen und dabei in die Hand genommen und ausgiebig gestreichelt. Dabei gewöhnen sie sich an den Menschen.

Von der 5. bis zur 8. Woche

Entwicklung der Welpen

Die kleinen Labrador Retriever werden immer munterer und entdecken ihre Umgebung. Über Spiel mit den Geschwistern und der Mutter wird gelernt. Dabei werden Elemente aus dem Aggressions- und Angstverhalten gezeigt.

Aufgaben des Züchters

Der Züchter muss den Welpen nun zunehmend Erfahrungen mit der belebten und unbelebten Umwelt bieten. Unterschiedliche Menschen, Fahrten ins Grüne, Kontakt mit anderen Tieren usw. bereiten den kleinen Labrador auf das Abenteuer „Leben" vor.

Von der 9. bis zur 24. Woche

Entwicklung des Welpen

Der Welpe nimmt Abschied von seiner Hundefamilie und lernt seine neuen Menschen kennen. Nun kommt die Zeit für ihn, in der er alles erfährt, was er für sein späteres Leben in dieser Familie braucht. Er ist aufgeschlossen allem Neuen gegenüber und äußerst lernbereit.

Aufgaben des Besitzers

Das Wichtigste in dieser Zeit ist der Aufbau von Vertrauen. Gemeinsam erkundet man die Welt, entdeckt Neues und unterstützt den Welpen in schwierigen Situationen. Zudem bringt man dem kleinen Kerl gutes Benehmen und das kleine Einmaleins der Erziehung bei.

Pubertät mit ca. 9 Monaten

Der Halbstarke

Klein und putzig ist der Labrador nun nicht mehr. Er ist jetzt ein schlaksiger Halbstarker, der gern mal seine Grenzen austestet. Der Hormonhaushalt verändert sich und die Geschlechtsreife setzt ein.

Aufgaben des Besitzers

Kein Grund zur Panik. Ihr Labi hat nicht alles vergessen, was er bisher gelernt hat. Auch wenn es häufig danach aussieht. Haben Sie viel Geduld und bleiben Sie konsequent. Bestehen Sie auf der Ausführung Ihrer Signale, auch wenn es jetzt etwas länger dauert. Sie werden sehen, diese Phase geht vorüber.

Erwachsen ab ca. 3 Jahre

Echte Persönlichkeiten

Der Labrador Retriever hat viele Erfahrungen gemacht, auf denen er nun sein Leben aufbaut. Er ist ein Individuum mit Ecken und Kanten, die nur noch schwer geschliffen werden können.

Gemeinsam durchs Leben

Haben Sie Ihrem Labrador in der Welpen- und Junghundzeit viel gezeigt und beigebracht, können Sie nun die Lorbeeren dafür ernten. Sie haben einen Partner, der Ihnen vertraut und mit Ihnen gemeinsam sicher durchs Leben geht.

Senior ab ca. 10 Jahre

Graue Schnauzen

Kommt der Labrador in die Jahre, lässt seine körperliche Leistungsfähigkeit nach. Er wird sich schwerfälliger erheben, viel schlafen und meist auch nicht mehr so schnell auf alles reagieren. Es kann sein, Sie kommen vom Einkaufen zurück und Ihr Labi bleibt ruhig schlafend in seinem Korb. Bemerkt er Sie, ist es ihm fast peinlich. So etwas wäre ihm früher nie passiert.

Rücksichtnahme und Verständnis

Die Wege werden kürzer. Ihr Labi wird Ihnen noch mehr nachfolgen, da er nicht gern allein ist. Auch ruht häufig ein durchdringender Blick auf Ihnen, er verfolgt nun mehr mit seinen Augen, da sein Gehör nachlässt. Auch wird er vielleicht nicht mehr auf Ihr Signal SITZ reagieren, da ihn seine Knochen schmerzen. Gehen Sie darauf ein und verlangen Sie nicht zu viel. Er hat Ihnen sein ganzes Leben gegeben und nun etwas mehr Ruhe verdient.

Gesunde Ernährung

Hunde sind nicht nur Fleischfresser. Sie lieben die Abwechslung in Form von reifen Beeren, süßem Obst, knackigem Gemüse oder Grashalmen. Als Beilage bevorzugen sie Nudeln und Reis, bisweilen auch Kartoffeln. Auch Milchprodukte verfeinern den Speiseplan. Bereits der Welpe sollte eine abwechslungsreiche Ernährung kennenlernen, damit er sich frühzeitig an vielerlei Nahrungsmittel gewöhnt.

Was Hunde fressen

Ob Sie Ihren Labrador selbst bekochen wollen, ob sie ihn dann und wann mit einem rohen Fleisch-Gemüse-Menü verwöhnen oder ihm ausschließlich Trockenfutter anbieten möchten: Stets müssen Menge, Nähr- und Inhaltsstoffe der Futterrationen genau auf sein Lebensalter und seine körperliche sowie geistige Auslastung ausgerichtet sein. Nur so bleibt er gesund und leistungsfähig.

Futterempfehlung vom Züchter

Nehmen wir an, Sie haben soeben Ihren Welpen vom Züchter abgeholt und stehen nun mitsamt Fütterungsempfehlungen, einem Beutel Trockenfutter und besagtem Rutenwedler in der Küche. Keine Frage, dass Sie dem kleinen Schutzbefohlenen jetzt genau dasjenige Futter anbieten, das er von seinem alten Zuhause her kennt, in genau der gleichen Menge und in exakt derselben Weise, wie er es auch dort schon zu sich genommen hat, sagen wir zehn Minuten in lauwarmem Wasser eingeweicht. So nämlich ist es ihm vertraut – seinem Gehirnchen ebenso wie seinem Darm; und so bekommt es ihm in all dem Trubel des großen Umzuges dann auch am besten.

Die meisten Labradorzüchter verköstigen ihre Welpenschar mit Fertigfutterprodukten – und einer gelegentlichen Gabe von rohem Rinderhack und Eigelb. Fragen Sie Ihren Züchter, wie die Welpen gefüttert wurden und behalten Sie dies zu Beginn bei.

Geeignete Fleischknochen sind nicht nur ein Nahrungsergänzungsmittel für den immer hungrigen Labrador, sondern auch ein herrlicher Zeitvertreib und ein ideales Zahnputzmittel.

Formen der Ernährung

In den folgenden Wochen allerdings ist es durchaus legitim, wenn Sie sich darüber Gedanken machen, ob dies die Fütterungsart sein soll, die Sie sein ganzes Hundeleben lang praktizieren möchten. Denn Möglichkeiten, seinen Hund gesund zu verköstigen, gibt es mehrere. Als da wären – grob skizziert – die ausschließliche Ernährung mit industriell hergestelltem Fertigfutter, also beispielsweise mit Trockenfutterpellets aus dem Sack oder Feuchtfutterbrocken aus der Dose, oder die alleinige Fütterung mit Hausmacherkost, also mit selbst und exklusiv für den Hund zubereiteten Mahlzeiten, etwa in Form gegarter Menüs oder roh gereichter Kreationen. Freilich ist es ebenso machbar, den Hund mit einer Mischkost aus Fertigfutterprodukten und Hausmachermahlzeiten zu ernähren, etwa so: morgens rohes Rindfleisch mit fein püriertem Obst und Gemüse, mittags ein roher Lammfleischknochen und abends eine Portion (eingeweichte)Pellets. Wie Sie es handhaben, bleibt Ihnen überlassen. Nicht jeder Hundehalter hat schließlich die Zeit und vielleicht auch die Lust, sich täglich akribisch mit der Ernährung seines Vierbeiners auseinanderzusetzen, und er greift daher lieber zu Fertigprodukten.

Auch ist es nicht jedermanns Sache, tagein tagaus mit ungereinigtem Pansen, bluttriefender Milz, Rinderkehlköpfen und Putenhälsen zu hantieren und dabei permanent den Mixer zu bemühen, um frische Rohkost zu zerkleinern. Denn nur in wirklich fein pürierter Form ist der Darm des „Fleischfressers" Hund in der Lage, die Nährstoffe aus Obst und Gemüse aufzunehmen und dem Stoffwechsel nutzbar zu machen. Und dennoch: Gerade die Allergiker unter den Hunden – die leider in stark zunehmendem Maße auch bei Labrador Retrievern auftreten – profitieren sehr von dieser Ernährungsweise, speziell vom sogenannten BARFen (also der ausschließlichen Verfütterung roher Zutaten). Dies wird übrigens von immer mehr Tierärztinnen und Tierärzten bestätigt, weshalb sie solche Kost gezielt zur Ernährung ihrer vierbeinigen Patienten empfehlen.

Nachteile reiner Fleisch-Fütterung

Wie seine wild lebenden Verwandten braucht auch der Haushund neben Fleisch viel pflanzliche Kost. Ausschließliche Fleischfütterung ist für unsere Vierbeiner deshalb äußerst ungesund und schlägt sich rasch, z. B. in schlechter Fellqualität, nieder. Infolge reiner Fleischfütterung kann es überdies zu krankhaften Veränderungen im Knochenstoffwechsel oder zu Darmstörungen kommen. Zu jeder Fleischmahlzeit gehört deshalb ein Anteil an Kohlenhydraten.

Fertigfutter

Eine Alternative zu Selbstgemachtem bieten hochwertige Fertigfuttermittel, die speziell auf das Alter, den Belastungsgrad und auch den Gesundheitszustand eines Hundes zugeschnitten sind.

Bei industriell gefertigtem Hundefutter kann man drei Gruppen unterscheiden: Beifutter, zu dem unter anderem Hundekuchen und Kauknochen zählen. Beide sind für die Zahngesundheit des Labradors sowie zur Befriedigung seines Nagetriebes wichtig, müssen aber wie alle Leckereien unbedingt in die tägliche Futtermenge mit eingerechnet werden. Weiter gibt es Ergänzungsfuttermittel, denen noch Fleisch bzw. Getreide-Gemüse-Flocken oder zum Beispiel auch gegarte Nudeln und geriebene Möhren zugesetzt werden müssen.

In welchem Mischungsverhältnis Fleisch und pflanzliche Nahrungsanteile gefüttert werden müssen, hängt entscheidend vom Alter des Hundes und seinem Belastungsstatus ab. Gleiches gilt für seine Versorgung mit Vitaminen, Mineralstoffen und Spurenelementen. Daher ist es nur mit etwas ernährungsphysiologischem Grundwissen möglich, den Nährstoffbedarf des Labrador Retrievers auch mit selbst zubereitetem Futter stets optimal zu decken. Wie der Hausmannskost sollten auch diesen Mahlzeiten ausreichend Vitamine und Mineralstoffe zugefügt werden. Fragen Sie Ihren Tierarzt nach geeigneten Präparaten.

Alleinfuttermittel schließlich bedürfen keiner Ergänzung – ein Zusatz wäre sogar schädlich für den Hund. Denn ein Überangebot an Mineralstoffen (z. B. Kalzium) oder Vitaminen, speziell den beiden fettlöslichen Vitaminen A und D3, ist ebenso ungesund wie eine Unterversorgung.

Entsprechend ihres Wassergehalts werden Alleinfuttermittel in Feucht-, Halbfeucht- und Trockenfutterprodukte untergliedert.

Tipp | Qualität

Gerade bei so rasch- und großwüchsigen Hunderassen wie den Labrador Retrievern kann eine unausgewogene Mineralstoffversorgung während des Wachstums gravierende bleibende Skelettschäden nach sich ziehen. Achten Sie deshalb bei Ihrem Welpen vom ersten Tag an auf hochwertige, ausgewogene Ernährung.

Ein Labi hat eigentlich immer Appetit. Schon im Welpenalter ist er für jedwede Kost zu begeistern. Verweigert ein erwachsener Labrador tatsächlich einmal sein Futter, ist meist höchste Gefahr im Verzug.

Gesunde Ernährung

Trinkwasser

Frisches Trinkwasser muss dem Labrador jederzeit zur Verfügung stehen. Da insbesondere Trockennahrung einen äußerst geringen Wassergehalt aufweist, muss gerade bei Gabe solcher Futtermittel auf eine ausreichende Flüssigkeitszufuhr geachtet werden. Zur Steigerung der Verdaulichkeit empfiehlt es sich zudem, bei jungen Welpen und ebenso bei sehr alten Labrador Retrievern, Trockenfutter länger in lauwarmem Wasser oder in salzarmer Fleischbrühe einzuweichen und dann erst anzubieten. Eine tägliche Trinkwasseraufnahme von mehr als 100 ml pro Kilogramm Körpergewicht des Hundes kann ein Hinweis auf eine Erkrankung sein (siehe S. 64).

Hausmachermenüs

Alle industriell produzierten Futtermittel enthalten Futterzusatzstoffe unterschiedlicher Konzentrationen. Dazu zählen wichtige Vitamine, Mineralstoffe, Spurenelemente, außerdem Konservierungsmittel wie Ascorbinsäure/Vitamin C, aber auch andere Stoffe zur Haltbarmachung, die nicht unumstritten sind. Weiter können Fertigfuttermittel Geruchs-, Geschmacks- und Farbstoffe sowie Verdickungs- und Geliermittel enthalten.

> **Tipp | Kalzium**
> Um die gefürchtete Knochendemineralisation zu vermeiden, dem selbst zubereiteten Futter unbedingt regelmäßig Kalzium zusetzen! Dabei ist zwingend die Dosierungsempfehlung des verwendeten Präparates einzuhalten.

Wollen Sie solche Zusatzstoffe in der Ernährung vermeiden oder deren Verwendung stark einschränken, müssen Sie Fertigfutter wählen, in denen auf derartige Zusatzstoffe verzichtet wird. Oder Sie müssen das Futter aus einzelnen Lebensmitteln wie beispielsweise Fleisch, Getreide und Gemüse selbst zusammenstellen. Welche Nahrungsmittel sich im Einzelnen dafür eignen, finden Sie unter „Gesundes für den Labrador" auf Seite 47. Denken Sie aber daran, dass eine solche Futterumstellung niemals schlagartig erfolgen darf. Heftiger Durchfall wäre die Folge.

Verbinden Sie das Angenehme mit dem Nützlichen! Während Sie seine Mahlzeit zubereiten, muss Ihr Labi ruhig abwarten. Für den Ruten peitschenden Nimmersatt ist das eine beachtliche Gehorsamsleistung.

Ergänzungspräparate

Es wurde bereits darauf hingewiesen, dass für eine ausgewogene Hundemahlzeit nach Eigenrezept auch Vitamine, Mineralstoffe und Spurenelemente benötigt werden. Besonders geeignet sind fertig gemischte „mineralstoffreiche Ergänzungspräparate" bzw. „vitaminisierte Mineralfutter", die beim Tierarzt oder im Hundefachhandel erhältlich sind. (Auch fein zermörserte Eierschale bietet sich hier an.) Diese Präparate sollten in der Hauptkomponente Kalzium enthalten, aber nahezu frei von Phosphor sein. Der Grund ist folgender: Fleisch, Schlachtabfälle, Innereien und Getreide weisen einen sehr hohen Gehalt an Phosphor auf, nicht aber an Kalzium. Ein Kalzium-Phosphor-Verhältnis von ungefähr 1,5 : 1 in der Nahrung ist aber für die Gesunderhaltung des Labrador Retrievers unbedingt notwendig. Denn ein zu niedriger Kalziumgehalt bei gleichzeitig zu hohem Phosphorgehalt der Nahrung führt zu Ausgleichsreaktionen in seinem Körper, wobei verstärkt Kalzium aus den Knochen abgezogen wird, um dieses dem Stoffwechsel verfügbar zu machen. Die Folge davon: Demineralisation (= Entkalkung) seiner knöchernen Skelett-Teile.

wie deren Phosphor- und Salzgehalt) gerade beim alternden Labrador nicht zu hoch bemessen sein. Seine Nieren könnten darunter leiden. Viel wichtiger ist es, ihm – sowie übrigens auch Welpen, tragenden bzw. säugenden Hündinnen und körperlich stark geforderten Hunden – leicht verdauliches und biologisch sehr hochwertiges Eiweiß anzubieten wie z. B. Hüttenkäse, Hühnerei, Fisch oder Geflügelfleisch.

Eine gesunde Bereicherung des Speisezettels bei Hausmacherkost: Bierhefeflocken, auch in Tablettenform erhältlich; Seealgenmehl und fein zermörserte Eierschalen. Tagesdosis für einen erwachsenen Labrador: Hefeflocken – ein gestr. TL oder zwei Hefetabletten, Seealgenmehl – eine Messerspitze, Eierschalen – ein gestr. Mokkalöffel.

Eiweißgehalt

Wie angeführt, ist das Mischungsverhältnis von eiweiß- und kohlenhydrathaltigen Nahrungsmitteln insbesondere vom Alter und vom Aktivitätsgrad des Hundes abhängig. Welpen benötigen ein Eiweiß-Kohlenhydrat-Verhältnis von 2 : 1, erwachsene, normal belastete Labrador Retriever von 1 : 1.

Nachweislich steigert ein hoher Proteingehalt der Nahrung deren Akzeptanz erheblich. Dennoch sollte der Eiweißgehalt der Futterration (ebenso

Tipp | Bezugsquellen

Hundeknabberartikel erhalten Sie im Zoohandel, in Supermärkten, im Fachhandel für Hundenahrung und in großen Gebinden auch über den Versandhandel; Muskelfleisch und Knochen von Rind und Geflügel sowie die entsprechenden Innereien und Schlachtabfälle im (Versand-)Fachhandel für Hundenahrung oder bei (Bio-)Bauern; Vitamin- und Mineralstoffpräparate meist nur im Hundefachhandel oder beim Tierarzt.

Gesunde Ernährung

Knochennagen: Ein hartes Stück Arbeit für den Labi. Danach ist er erschöpft, glücklich, und meist auch durstig. Sorgen Sie deshalb dafür, dass Trinkwasser immer bereitsteht.

Knochenfütterung ja oder nein?

Wenn Fleischknochen und größere Knorpelstücke verfüttert werden, dann – wegen ihrer besseren Verdaulichkeit – ausschließlich solche in rohem Zustand und niemals welche vom Schwein. Besonders geeignet sind Kalbsknochen, Rindermarkknochen, Rinderkehlköpfe und Luftröhren vom Rind (stets längs aufgeschnitten, da sie sich sonst über die Zunge oder den Unterkiefer des Labis stülpen können), außerdem Hühner- und Putenhälse sowie Hühnerflügel von sehr jungen Tieren. Nicht zu viel davon geben (1 g Frischknochen pro kg Körpergewicht und Tag), und niemals abrupt mit größeren Mengen beginnen. Der Verdauungstrakt des Hundes muss sich erst an diese ungewohnte Kost anpassen, speziell was die Salzsäureproduktion in seinem Magen betrifft. Durch regelmäßige Knochenfütterung wird diese jedoch deutlich erhöht, was langfristig nicht nur dem besseren Aufschluss solcher Knochenstücke zugute kommt, sondern auch der Erregerabwehr. Dies ist vermutlich einer der Gründe, weshalb mit Rohkost ernährte Hunde, die gleichzeitig regelmäßig und moderat mit rohen Fleischknochen versorgt werden, trotz des dann erhöhten Infektionsdrucks (Parasiten, Viren, Bakterien, z.B. Salmonellen), nicht erkranken.

Fütterungspraxis

Anzahl der Mahlzeiten pro Tag

Um die Verdauungsorgane des Labrador Retrievers nicht zu überlasten, ist es günstig, ihm mehrmals am Tag Futter anzubieten und ihn dabei an regelmäßige Fütterungszeiten zu gewöhnen. Im Alter von acht bis 16 Wochen sollte er viermal täglich eine Mahlzeit bekommen. Ab der 17. Lebenswoche bis zu einem Jahr kann er dreimal täglich gefüttert werden, danach zweimal täglich. Da die Leistungsfähigkeit des Magen-Darm-Traktes und der Nieren im Alter abnimmt, empfiehlt es sich, dem alten Hund wieder drei- bis viermal am Tag Futter zur Verfügung zu stellen und Trockenfutter gut einzuweichen.

Gesundes für den Labrador

Eiweiß- und Fettlieferanten
- Rind-, Lamm- oder Geflügelfleisch (täglich)
- Schlachtabfälle wie etwa ungereinigter Pansen und Rinderschlund, zudem Innereien vom Rind, Lamm und Geflügel (max. zweimal pro Woche)
- Gegarter Fisch (ca. einmal pro Woche)
- Milchprodukte wie Magerquark, Naturjoghurt, Hüttenkäse, Milch (max. ein Kaffeetässchen täglich)
- Gekochtes Ei mit Schale oder rohes Eigelb von frischen Eiern (je max. zwei- bis dreimal pro Woche)
- Kalt gepresste Pflanzenöle (täglich ein Kaffeelöffel genügt)

Kohlenhydrat- und Ballaststofflieferanten
- 15 Minuten in Wasser, Milch oder Fleischbrühe eingeweichte Haferflocken
- Ungeschälter, gegarter Reis, gekochte Vollkornnudeln
- Hart getrocknetes Vollkornbrot, Hundekuchen o. Ä.
- In Fett/Öl gegarte Karotten oder rohe, fein pürierte Karotten sowie Zucchini
- Rohe Äpfel fein püriert (am besten täglich) – Kerne entfernen, sonst droht Blausäurevergiftung!

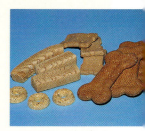

Nahrungsergänzungsstoffe
- Zermörserte Eierschale (Kalk) – je feiner zerkleinert, umso besser verdaulich
- Vitaminisiertes Mineralfutter
- Bierhefe (Vitamine, Vitalstoffe)
- Seealgenmehl (Vitamine, Mineralstoffe, Spurenelemente)
- Lachsöl (essenzielle Fettsäuren)

Das dürfen Sie nicht füttern
- Rohes Schweinefleisch – kann die für den Hund tödlichen Aujeszky-Viren (Pseudowuterreger) enthalten; Erhitzen (z. B. Kochen, Braten, Dünsten 5 Min. bei 98 °C) bietet sicheren Schutz
- Gekochte Knochen – lebensbedrohliche Knochenkotanschoppungen, da Kochprozess Knochenstrukturen schwer verdaulich macht
- Rohes Getreide, rohe Kartoffeln, rohe Kohlpflanzen und rohe Hülsenfrüchte – sind unverdaulich bzw. giftig für Hunde
- Zwiebeln und Knoblauch in großen Mengen führt zu Blutarmut
- Weintrauben und Rosinen können zu Vergiftungen führen
- Schokolade – kann tödlich wirken
- Größere Mengen an Milch (Durchfall), gegartem/n Kohl/Hülsenfrüchten (Blähungen, Magenaufgasung), Getreide, Reis oder Mais (gestörte Mineralstoffversorgung), rohem Eiklar (Biotin-Resorptionsstörung).

Gesunde Ernährung

Das einzige Laster dieser Rasse ist ihr Hang zur Völlerei. Diesem gilt es von Anfang an durch die Auswahl der richtigen Futtermittel und eine angepasste Fütterungspraxis zu begegnen.

Übergewicht

Für die Gesunderhaltung Ihres Labradors ist es sehr wichtig, dass er nicht korpulent wird. Denn Übergewicht kann zu schwerwiegenden Störungen seines Allgemeinbefindens führen (z. B. Herz-Kreislauf-Erkrankungen, Verminderung der Immunabwehr, Erhöhung des Risikos für Diabetes mellitus) und seine Lebenserwartung erheblich senken. Gerade beim Labrador ist die strenge Kontrolle seines Körpergewichts äußerst wichtig, denn Statistiken über die Anfälligkeit für Übergewicht beim Hund zeigen, dass der Labi nicht nur unter den Retrievern, sondern auch unter allen anderen untersuchten Hunderassen die „Hitliste der übergewichtigen Hunde" anführt.

Mäßige körperliche Aktivität, wie beispielsweise bei einem regelmäßigen Dummytraining oder bei Geschicklichkeits- und Unterordnungsturnieren, verändert den Energiebedarf Ihres Labrador Retrievers nicht. Seine Futterration braucht demnach nicht erhöht zu werden. Allerdings wird er – vor allem bei hohen Außentemperaturen – nach derartigen Unternehmungen recht durstig sein. Ausreichend Trinkwasser muss ihm deshalb unbedingt bereitgestellt werden.

Ach, du dicker Hund!

Erscheint Ihnen Ihr Labrador etwas zu wohlgenährt, reduzieren Sie seine Futterration geringfügig, ohne jedoch die prozentuale Zusammensetzung der Futterbestandteile zu verändern. Bei industriell gefertigten Alleinfuttermitteln verringern Sie ebenfalls die Futtermenge und entscheiden sich für ein Produkt mit reduzierten Fett- und erhöhten Rohfaseranteilen. Eine „Crash-Diät" sollten Sie vermeiden, weil dabei eher die Muskeln Ihres Hundes schwinden würden statt seine Fettpolster. Besser ist es, die tägliche Kalorienzufuhr weder schlagartig noch erheblich zu verringern, sondern schrittweise vorzugehen. Jeden Tag ein paar Kalorien weniger – und das vierbeinige Dickerchen hat in rund drei Monaten sein Idealgewicht erreicht. Dieses langsame, aber kontinuierliche Vorgehen lässt die Pfunde nachhaltig schmelzen, ohne dass der Hund dabei ständig mit knur-

Tipp | Fütterungshinweise

> Damit Ihr erwachsener Labrador sein Idealgewicht behält, orientieren Sie sich an der Dosierungsempfehlung für „mittelgroße" (nicht „große"!) Rassen. Und selbst hiervon noch etwas weniger füttern! Für Selbstgekochtes und Rohkostmenüs halten Sie sich an die Faustregel „15 bis 20 g Futter pro 1 kg Hund".
> Futter auf keinen Fall zu kalt anbieten. Es sollte Raumtemperatur haben. Was der Welpe nach etwa 10, der erwachsene Labrador nicht gleich verzehrt hat, wird weggenommen.
> Übriggebliebenes nicht erneut anbieten. In selbstgekochtem Futter (ohne Konservierungsstoffe) können sich Bakterien rasch vermehren. Eingeweichte Trockenfutterreste ebenfalls wegwerfen.
> Futterumstellung langsam und stufenweise vornehmen. Die an der Verdauung beteiligten Organe können sich nur allmählich an die veränderte Kost anpassen. Zu rasche Umstellung hat Magen-Darm-Probleme zur Folge.

Info | Körpergewichtsentwicklung

Körpergewicht in Kilogramm

Alter/Wochen	Hündin	Rüde
8	5 – 6	6 – 8
12	9 – 10	10 – 12
24	20 – 23	22 – 25
52	24 – 30	28 – 34

Gewichtszunahme bis zur 24. Woche: ca. 1 kg wöchentlich

rendem Magen und herzerweichend bettelnd herumtrotten muss. Wenn Sie überdies sein tägliches Bewegungspensum nach und nach deutlich steigern, zeitigt die Diät noch schnellere und dauerhaftere Erfolge.

Wie schwer soll ein Welpe sein?
Auch als Welpen sollten Hunde nicht allzu pummelig sein. Da gerade Labrador Retriever insbesondere in den ersten sechs Lebensmonaten außerordentlich rasch wachsen, besteht bei Überfütterung und der daraus resultierenden Überbelastung von Knochen, Bändern, Sehnen und Gelenken die große Gefahr bleibender Schäden ihres Bewegungsapparates. Die weitverbreitete Meinung, der molligste Welpe sei auch der gesündeste, gilt ganz besonders bei der Rasse Labrador Retriever nicht! So wichtig eine ausreichende und ausgewogene Fütterung der Kleinen ist, so schädlich ist eine Überfütterung.

Gras fressen
Macht Ihr Labrador sich gelegentlich über Grashalme her, ist dies weder bedenklich, noch steht es mit einer möglichen Mangel- bzw. Fehlernährung in Zusammenhang. Der Appetit auf Gräser ist völlig unabhängig von der Art der Ernährung und vom Gesundheitszustand des Tieres, ebenso von der Witterung. Die proteinreichen jungen Pflanzenteile schmecken Hunden einfach nur gut.

Tischmanieren

Lassen Sie Ihren Labrador nicht am Tisch betteln! Schicken Sie bereits den jungen Hund auf seinen Ruheplatz, bevor Sie sich zu Tisch begeben. Hat er sich während Ihrer Mahlzeit dort ruhig verhalten, loben Sie ihn anschließend überschwänglich und belohnen ihn mit einem Leckerchen.

Locken Sie Ihren Hund nicht fortwährend zum Futternapf oder stecken ihm Leckerbissen zu, wenn er wider Erwarten einmal nicht fressen möchte. Nehmen Sie den Napf wie gewohnt nach einigen Minuten weg und bieten ihm erst zum nächsten Fütterungstermin wieder Nahrung an. Ansonsten könnte er sich daran gewöhnen, durch gezielte Futterverweigerung positive Zuwendung einzufordern.

Verweigert ein Hund länger als zwei Tage das Futter und verhält sich auch sonst nicht, wie Sie es von ihm gewohnt sind, dann sollten Sie unbedingt Ihren Tierarzt konsultieren.

Gepflegt von Kopf bis Pfote

Die Körper- und Fellpflege des Labrador Retrievers ist weder kompliziert noch aufwendig. Sie sollte aber regelmäßig erfolgen, damit Ihr Vierbeiner gesund bleibt und sein Immunsystem nicht unnötig belastet wird. Zudem können Sie durch das Bürsten und Kontrollieren bestimmter Körperteile Vertrauen aufbauen und Ihre Beziehung zu Ihrem Hund intensivieren.

Fellpflege

Wird der Labrador Retriever ausgewogen ernährt und mit ausreichend Mineralstoffen, Vitaminen und Spurenelementen versorgt, ist sein Fell auch im Alter glänzend und besonders in der kalten Jahreszeit mit einer dicken flauschigen Unterwolle ausgestattet. Zu seiner täglichen Fellpflege genügt das Frottieren mit einem Baumwolltuch. Regelmäßiges Bürsten mit einer weichen Naturhaarbürste und kräftiges Massieren, z. B. mit einem Gumminoppen-Handschuh oder den bloßen Händen, kann die Hautdurchblutung fördern und auch dazu beitragen, den Haarwuchs anzuregen. Gerade während des „Haarwechsels" ist eine solche Behandlung besonders zu empfehlen.

Baden

Hat sich Ihr Labrador ausgiebig im Schlamm gesuhlt oder zeigt sein Fell infolge ausgiebigen Schwimmens im Meer einen „Grauschleier", verzichten Sie trotzdem darauf, ihn einem Schaumbad zu unterziehen. Sprühen Sie ihn stattdessen mit dem Gartenschlauch gründlich ab (Augen und Ohren aussparen) und reiben Sie sein Fell anschließend mit einem Frotteehandtuch „mit dem Fellstrich" gründlich trocken. So vermeiden Sie, dass seiner Haut der imprägnierende Fettmantel entzogen und seine Immunabwehr unnötigerweise geschwächt wird.

Sein dichtes öliges Haarkleid, mit der wetterfesten Unterwolle, prädestiniert den Labrador für die ausdauernde Arbeit im nassen Element. Wasser scheint ihn geradezu magisch anzuziehen, nicht einmal vor einer Pfütze macht er Halt.

Gepflegt von Kopf bis Pfote

Spielerisch gewöhnt man bereits den Welpen an sämtliche Körperpflegemaßnahmen. Dann macht das regelmäßige Bürsten sogar richtig Spaß.

Trockenreiben
Weil der Labi mit seiner Wasserpassion in den Genen eine besonders starke Hauttalgproduktion aufweist (was wiederum für bestimmte fettliebende krankmachende Mikroben sehr anziehend wirkt), gilt es gerade nach dem Schwimmen dafür Sorge zu tragen, dass in Körperhöhlungen kein feuchtwarmes Klima entstehen kann – dem Nährboden für langwierige Hauterkrankungen. Auch in den äußeren Gehörgängen kann sich Nässe sammeln und einer Hautentzündung Vorschub leisten. Dort sollten Sie gründlich trockentupfen (siehe Malassezien, S.74).

Das fetthaltige Haarkleid des Labrador Retrievers trocknet übrigens ausgesprochen schnell. Nach dem Schwimmen genügt mehrmaliges kräftiges Schütteln, um das Wasser aus dem Fell herauszuschleudern. Der Rest perlt einfach ab. Außerdem verhindert die extrem dicke Unterwolle, die selbst im Sommer noch relativ stark vorhanden ist, dass Feuchtigkeit durchdringt und seine Haut nass wird.

Haarwechsel
Wie die meisten Hunderassen, so zeigt auch der Labrador zweimal im Jahr für die Dauer von ungefähr drei Wochen einen deutlich verstärkten Haarausfall. Dieser Haarverlust („Fellwechsel") wird durch die Aktivität hormonproduzierender Drüsen ausgelöst, die auf die Umgebungstemperatur und die Dauer des Tageslichts reagieren. Die beiden Höhepunkte dieses jahreszeitlichen Zyklus liegen im späten Frühjahr und im frühen Herbst. Darüber hinaus kann es bei Hündinnen kurz vor und manchmal auch unmittelbar nach ihrer Läufigkeit sowie nach dem Werfen zu einem hormonell bedingten Haarausfall kommen.

Probleme beim Fellwechsel
Dauert der Fellwechsel bei Ihrem Labi ungewöhnlich lange oder erscheint er Ihnen übermäßig stark, sollten Sie vor allem die Vitaminzusammensetzung des Futters überprüfen. Denn oftmals ist Vitamin-B-Mangel die Ursache für den Haarverlust, und Bierhefe beispielsweise könnte das Problem rasch lösen – die kurmäßige Anwendung von Biotin (Vitamin H) verbessert ebenfalls die Fellqualität. Da aber auch ernsthaftere Erkrankungen z. B. der Schilddrüse (Hypothyreose) hinter diesen Symptomen stecken können, ist es in schweren Fällen ratsam, den Tierarzt aufzusuchen.

Um die zahlreichen abgestorbenen Haare zu entfernen, sollte das Fell des

Labradors während des Fellwechsels täglich mit einem feinzinkigen Kamm (Staub-/Flohkamm) gründlich durchgekämmt werden. Regelmäßig eingesetzt, kann dieses kleine Gerät außerdem dabei helfen, einen möglichen Befall mit Hautparasiten wie Zecken oder Flöhen bereits im Frühstadium zu entdecken (siehe S. 60).

Krallenpflege

Achten Sie unbedingt darauf, dass die Krallen, insbesondere die Daumenkrallen an den Vorderläufen, nicht zu lang werden. Ansonsten besteht Verletzungsgefahr, z. B. dann, wenn die Krallen einwachsen, splittern oder Ihr Labrador infolge von Schmerzen beim Auftreten seine Pfoten falsch belastet (Spreizzehen!), was wiederum zu Ballenabszessen oder sogar zu krankhaften Veränderungen seiner Gelenke führen kann. Wenn nötig (z.B. weil er längere Zeit einen Pfotenverband tragen musste und das Horn sich nicht abnutzen konnte) schneiden Sie seine Krallen vorsichtig mit einer speziellen Krallenzange etwas zurück. Ist Ihr Hund ausreichend und auch viel auf rauem Untergrund unterwegs, erübrigt sich das Krallenkürzen meistens.

> **Info | Zwischenzehenhäute**
>
> Wie alle seine Retriever-Verwandten besitzt auch der Labrador deutlich ausgeprägte Zwischenzehenhäute. Auch wenn diese anatomischen Anpassungen – ähnlich wie bei Entenvögeln – bei den wasserbegeisterten Vierbeinern die Schwimmeigenschaften verbessern helfen, so bezeichnet man diese anatomischen Erscheinungen dennoch nicht, wie vielfach zu hören, als „Schwimmhäute".

Pfotenpflege im Winter

Gerade im Winter sollten Sie ein Auge auf die Pfoten Ihres Labradors haben. Denn Streusalz und feiner Splitt können diesen ganz erheblich zusetzen. Vorbeugend sollten Sie es mit dem Auftragen von etwas Melkfett probieren. Bei Bedarf empfiehlt sich gründliches Abwaschen der Pfoten mit lauwarmem Wasser, sorgfältiges Trockentupfen der Zehenzwischenräume und anschließendes Aufbringen einer pflegenden Salbe.

Zu häufiger Salbeneinsatz kann die Pfotenhaut allerdings aufweichen und die Empfindlichkeit noch erhöhen. Bei Ballen- oder Krallenverletzungen hilft das Einmassieren von Ringelblumensalbe (Calendula officinalis).

Geduldig lässt der Labrador das Prozedere über sich ergehen. Nach dem Eincremen seiner Pfoten sollten Sie gleich zum Spaziergang aufbrechen, damit er die schmackhafte Kräutercreme nicht sofort wieder ableckt.

Augenpflege

Wenn Sie dafür sorgen, dass Ihr Labrador keiner Zugluft ausgesetzt ist, weder an seinem Schlafplatz noch im Auto, haben Sie schon viel getan, einer Bindehautentzündung seiner Augen vorzubeugen. Sollte Ihr Hund dennoch gerötete Lidschleimhäute oder sogar dickflüssigen, eitrigen Augenausfluss haben, dann könnte eine bakterielle oder virale Infektion hinter diesen Symptomen stecken. Damit eine solche Erkrankung nicht chronisch verläuft, ist es sinnvoll, eine Behandlung mit (antibiotischen) Augensalben, homöopathischen Mitteln (z. B. Euphrasia) oder z. B. mit Heilkräutern (Schafgarbe-, Eibischblätter-, Salbeitee-Kompressen) durchzuführen.

Tipp Augensekret

In den Augenwinkeln kann sich Augensekret ansammeln. Dieses entfernt man am Morgen vorsichtig mit einem feuchten Läppchen.

Nickhaut

Die oben genannten Symptome können auch Hinweis auf eine Nickhauterkrankung, den sogenannten Follikelkatarrh, sein. Die Nickhaut (das „dritte Augenlid") ist ein von Bindehaut überzogener Knorpel im inneren Augenwinkel, die dem Schutz des empfindlichen Augapfels dient. Im Erkrankungsfall ist sie mit zahlreichen roten Knötchen (= geschwollenen Lymphfollikeln) übersät, die wie kleine Reibeisen wirken und deshalb rasch eine erhebliche Schädigung der Augenhornhaut nach sich ziehen können. Ein Tierarztbesuch ist bei diesen Symptomen daher dringend anzuraten.

Ohrenpflege

Die beim Labrador dicht am Kopf anliegenden Behänge können auf die Entstehung entzündlicher Veränderungen seiner Ohren begünstigend wirken. Deshalb sollten Sie mindestens einmal wöchentlich seinen äußeren Gehörgang mit einem Papiertaschentuch oder feuchten Watte-Pad gründlich, aber behutsam ausreiben. Bitte immer nur den sichtbaren Teil des Gehörganges behandeln und niemals mit Wattestäbchen hantieren!

Da sich alle Labrador Retriever gern und vor allem lange im Wasser aufhalten und einige von ihnen darüber hinaus nicht davon abzubringen sind, dabei auch ausdauernd zu tauchen, sollten nach solchen Unternehmungen die äußeren Gehörgänge sorgfältig trockengetupft werden, damit sich als Folge keine Mittelohrentzündung oder Hauterkrankungen einstellen.

Gebisspflege

Die regelmäßige Kontrolle seines Gebisses gehört ebenfalls zur Pflege und Gesundheitsvorsorge Ihres Labrador Retrievers. Hat er ausreichend Gelegenheit, Büffelhaut- bzw. Fleischknochen, hart getrocknetes Vollkornbrot und Hundekuchen zu benagen, ist Zahnpflege zur Vermeidung von Belägen im Allgemeinen nicht nötig. Bereits den Welpen oder Junghund an das Zähneputzen zu gewöhnen, ist dennoch kein Fehler. Denn mangels nachlassenden Nagetriebes kann insbesondere beim alternden Labrador Zahnpflege nötig werden. Ist der Hund dann schon mit diesem Prozedere vertraut, gibt es bei der ein- bis zweimal pro Woche erfolgenden Behandlung keine Probleme.

Gebisspflege

Zur Gebissreinigung beim Hund eignen sich weiche Kurzkopfzahnbürsten und spezielle Hundezahnbürsten zusammen mit einer gegen Plaque wirksamen Hundezahnpasta am besten.

Tipp | Zahnstein
Dicke Zahnsteinbeläge unbedingt immer vom Tierarzt entfernen lassen. Ansonsten können hartnäckige Zahnfleisch- oder Zahnwurzelentzündungen sowie Parodontose die Folge sein.

Zahnentwicklung

Der Durchbruch des Milchgebisses (28 Zähne) erfolgt beim Labrador Retriever im Alter von drei bis sechs Wochen. Der Wechsel zum bleibenden Gebiss beginnt mit drei bis vier Monaten mit den Schneidezähnen. Mit dem Durchbrechen der hinteren Backenzähne im Alter von rund sieben Monaten ist der Zahnwechsel abgeschlossen. Das Gebiss besteht dann aus 42 Zähnen. Achten Sie bei Ihrem jungen Labrador auf persistierende Milchzähne, also auf Zähne seines Welpengebisses, die nicht ausgefallen sind, bevor die bleibenden Zähne nachschieben. Sie stören die Entwicklung des Erwachsenengebisses und sollten vom Tierarzt entfernt werden.

Gebissfehler

Der Rassestandard schreibt für den Labrador Retriever das Scherengebiss vor (siehe S. 128). Ein Zangengebiss (Aufbiss) sowie ein Vor- bzw. Rückbiss sind zuchtausschließende Fehler. Nicht selten ist das Gebiss eines Labrador Retrievers nicht vollständig, wobei meist einzelne der vorderen, seltener der hinteren Backenzähne fehlen. Ein fehlender Zahn ist freilich kein Dilemma. Probleme kann es jedoch geben, wenn mehrere der großen Backenzähne, noch dazu auf der gleichen Kieferseite, fehlen. Des Öfteren leiden betroffene Hunde unter extrem starker Zahnsteinbildung. Hündinnen sind manchmal nicht mehr in der Lage, während des Geburtsvorganges die Nabelschnur korrekt und sicher durchzuquetschen.

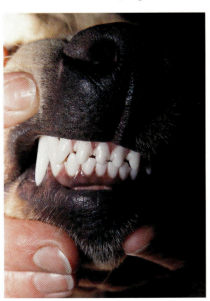

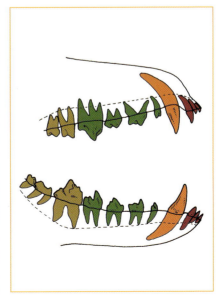

Gebiss des erwachsenen Labrador Retrievers:

Oberkieferhälfte v.l.n.r.:
- 2 Backenzähne
- 4 Vorbackenzähne
- 1 Fangzahn
- 3 Schneidezähne

Unterkieferhälfte v.l.n.r.:
- 3 Backenzähne
- 4 Vorbackenzähne
- 1 Fangzahn
- 3 Schneidezähne

Rundum gesund

Infektionskrankheiten

Wird der Labrador Retriever stets ausgewogen ernährt, angemessen beschäftigt und umsorgt, können sein Körper und sein Geist sich gesund entwickeln und auch lange gesund und leistungsstark bleiben. Doch trotz bester Versorgung und Vorsorge sind Erkrankungen möglich, vor allem, wenn der Hund das genetische Potenzial dafür bereits in sich trägt. Neben der Früherkennung kann allein die rasche und gezielte medizinische Behandlung dazu beitragen, dass es dem kranken Vierbeiner bald wieder besser geht.

Lassen Sie Ihren Labrador weder mit streunenden Hunden noch im Wartezimmer beim Tierarzt mit möglicherweise kranken Tieren spielen. Achten Sie außerdem darauf, dass die Grundimmunisierung Ihres Welpen ordnungsgemäß durchgeführt wird, und halten Sie die Termine für die einzelnen Auffrisch-Impfungen genau ein. Dann brauchen Sie sich keine Sorgen zu machen, dass sich Ihr Hund mit einer schweren Infektionskrankheit wie beispielsweise Tollwut ansteckt. Gegen hauptsächlich in den Tropen oder Subtropen vorkommende Krankheitserreger, die z. B. durch Stechmücken übertragen werden, ist sein Immunsystem dennoch nicht gewappnet.

Auch bei einem kurzen Spanien- oder Italienaufenthalt kann Ihr Labrador sich z. B. mit den dort heimischen Erregern der gefürchteten Herzwurmkrankheit (Dicrofilaria immitis) infizieren und lebensgefährlich erkranken. Bitte bedenken Sie dies bei der Planung Ihrer Urlaubsreise, und besprechen Sie mit Ihrem Tierarzt eine mögliche Prophylaxe!

Bei derart engem Körperkontakt ist das Immunsystem gefordert – doch die körpereigene Abwehr braucht solche Anstöße, um später gegen Krankheitserreger aller Art gewappnet zu sein.

Der Labi ist ein Abenteurer – neugierig und unternehmungslustig bis zum Abwinken. Selbst wenn sein geliebtes Wasser eine dicke Eiskruste trägt, zieht es ihn ans Ufer. Bei tiefen Gewässern sollten Sie ihm derartige Unternehmungen nicht gestatten, damit er nicht einbricht.

Erkältungen

Wenn sich der Labrador Retriever nach dem Schwimmen durch Bewegung warm halten kann, außerdem bei Nässe und Minusgraden nicht lange abliegen muss, können auch Erkältungskrankheiten und Harnwegsinfektionen vermieden werden. Außerdem steigern eine ausgewogene, vitaminreiche Ernährung, viel Bewegung, konsequente Körperpflege und u. U. der maßvolle Einsatz bestimmter Heilkräuter die Abwehrkräfte des Hundes und wirken somit krankheitsvorbeugend.

Schutzimpfungen

Auf die große Bedeutung dieser Art der Immunprophylaxe wurde bereits hingewiesen. Da der allgemeine Gesundheitszustand und die körperliche Verfassung des Hundes zum Zeitpunkt der Impfung eine nicht zu unterschätzende Rolle bei der Ausbildung einer ausreichenden Immunität spielen, empfiehlt sich zehn Tage vor jeder Impfung des Labradors die Durchführung einer Wurmkur. Denn nur bei einem völlig gesunden Hund kann die Impfung eine hohe Antikörperproduktion induzieren und damit einen ausreichenden Impfschutz gewährleisten.

Tipp | Vor dem Impftermin

Vor dem Impfen sollte ein Hund möglichst nicht gefüttert werden. Auch starke Anstrengungen sollten der Impfung nicht unmittelbar vorausgehen und ihr auch nicht folgen. Dennoch kann es aufgrund des Stresses oder infolge der Injektion vorkommen, dass sich Ihr Labrador Retriever nach dem Impfen erbricht. Vorsorglich ein Handtuch o. Ä. im Fahrzeug bereitzuhalten ist deshalb dringend anzuraten.

Infektionskrankheiten

Auffrisch-Impfungen

Ein kontinuierlicher Impfschutz kann nur sichergestellt werden, wenn (wo wirklich nötig!) regelmäßig Auffrisch-Impfungen vorgenommen werden. Glücklicherweise wurden im Zuge der Änderung der deutschen Tollwutverordnung (12/05) – nach der nun keine jährlichen Tollwutimpfungen (T) mehr vorgeschrieben sind – auch die Impfabstände für die Wiederholungsimpfungen gegen Parvovirose (P) und Staupe (S) etwas verlängert. Nach den neuen offiziellen Impfempfehlungen des Deutschen Tierärzteverbandes (BPT) werden Nachinjektionen im Dreijahresabstand angeraten. Gegen Virushepatitis (H = Hcc: Hepatitis contagiosa canis) braucht nach der Grundimmunisierung des Welpen überhaupt nicht mehr, und gegen den Parainfluenza-Virus (Pi), einen der Erreger des Zwingerhustens, nur noch bei Bedarf nachgeimpft zu werden. Allerdings sollen Wiederholungsimpfungen gegen Leptospirose (L) mindestens einmal jährlich verabreicht werden, obwohl die Impfstoffe – wie übrigens auch diejenigen gegen Borreliose (siehe unten) – nachweislich nur gegen wenige der zahlreichen für diese Erkrankungen ursächlichen Erregerstämme wirksam sind. Gegen das Bakterium Bordetella bronchiseptica (B.b.), einen weiteren Erreger des Zwingerhustens, wird bei Risikogruppen die halbjährliche Wiederholungsimpfung angeraten.

> **Tipp | Impfintervalle**
>
> Die Impfintervalle sind präparateabhängig. Bitten Sie Ihren Tierarzt deshalb darum, Impfstoffe mit möglichst langen Abständen bis zur Nachimpfung zu verwenden und den nächsten Impftermin deutlich sichtbar und korrekt im EU-Heimtierpass Ihres Hundes einzutragen.

An einem flachen Bachlauf darf er sich nach Herzenslust abschuften. Nur in größeren Mengen fressen sollte er nichts davon – seinem Magen zuliebe.

Floh

Zecke (Holzbock)

saugende Zecke am Hund

Entfernen einer Zecke

Ektoparasiten

Flöhe, Läuse, Haarlinge

Zu unterscheiden sind die Hunde-Laus (Stechlaus) und der Hunde-Haarling (Beißlaus). Wie der Floh saugt die Stechlaus das Blut des Hundes, während der Haarling sich von dessen Hautschuppen ernährt. Wichtig ist in jedem Fall, den Befund vom Tierarzt abklären und den Labrador gegebenenfalls behandeln zu lassen.

Behandlungsmethoden
Da sich Läuse im Fell aufhalten, genügt das Baden mit insektentötenden Wirkstoffen, um den Vierbeiner von diesen Parasiten zu befreien. Ganz anders ist es, wenn der Labrador Flöhe eingeschleppt hat. Dann müssen Sie zudem seinen Schlafplatz und alle Räume, in denen er sich aufgehalten hat, gründlich behandeln. Denn Flöhe finden sich immer nur kurzzeitig zum Blutsaugen (das mit Kotabsetzen einhergeht) auf dem Hund ein und verbringen die übrige Zeit am liebsten in seiner trockenen warmen Umgebung. Welche Behandlungsmethoden nach Flohbefall günstig sind, besprechen Sie bitte mit Ihrem Tierarzt, denn unbehandelt kann sich rasch z.B. eine Flohstich-Allergie einstellen, die dem Labi schwer zu schaffen macht. Noch besser ist es freilich, Vorsorge zu treffen, sodass sich erst gar kein Floh einnistet.

Zecken

Auch die besonders im zeitigen Frühjahr und frühen Herbst massenweise auftretenden Zecken können ein hohes Erkrankungsrisiko gerade für jagdlich geführte Labrador Retriever mit sich bringen. Deshalb gilt es, ein Auge auch auf diese kleinen Spinnentierchen zu haben.

Die hierzulande am häufigsten anzutreffende Zeckenart ist der Gemeine Holzbock (Ixodes ricinus), der nicht nur als Hauptüberträger von Borrelien (den Erregern der Lyme-Borreliose, einer mit Lähmungserscheinungen einhergehenden schwerwiegenden Infektionserkrankung) gilt, sondern auch von FSME-Viren (den Auslösern der Früh-Sommer-Meningo-Enzephalitis, einer spezifischen Form der Hirnhautentzündung, die bei Hunden allerdings sehr selten auftritt). Immer häufiger ist diese Zeckenart auch mit Bakterien der Gattung Anaplasma phagocytophilum infiziert, den Erregern der Hunde-Anaplasmose, einer Erkrankung, bei der bestimmte Typen weißer Blutkörperchen (hier: neutrophile Granulozyten) zerstört werden. Auf dem Vormarsch sind zudem zwei weitere Zeckenarten, die ursprünglich nur in tropischen Klimaten zu finden waren, nun aber im Zuge der Klimaerwärmung (und des Massentourismus) auch bei uns vorkommen. Dies sind die Braune Hundezecke (Rhipicephalus sanguineus) und die zu den Buntzecken gehörende Auwaldzecke (Dermacentor reticulatus) samt ihrer gefährlichen Fracht, den Ehrlichien (winzige Einzeller, die bestimmte weiße Blutkörperchen zerstören) und den Babesien (Blutparasiten, welche die Hunde-Malaria auslösen).

> **Tipp | Flohkot & Läuse**
>
> Winzige schwarze Krümel auf der Haut Ihres Hundes, die sich mit etwas Wasser zu einer blutfarbenen Flüssigkeit zerreiben lassen, deuten auf Flohkot hin und somit auf einen Befall mit Flöhen. Bei kleinen weißen Schüppchen in seinem Fell könnte es sich um die Eier (Nissen) von Hundeläusen handeln.

„Art übergreifende Zärtlichkeiten" können auch Gefahren bergen. Flöhe zum Beispiel wechseln dabei rasch ihren Wirt.

Borreliose

Da Impfungen gegen die von Zecken übertragenen Borrelien nur ein sehr eingeschränktes Wirkspektrum besitzen, und zur Aufrechterhaltung des Impfschutzes sehr oft Wiederholungsinjektionen nötig sind, ist bei zeckenexponierten Hunden eher zu einer gründlichen Zeckenabwehr als Erkrankungsprophylaxe zu raten statt zu einer Impfung.

Parasitenabwehr

Flöhe wie Zecken können äußerst gefährliche Krankheiten übertragen, weshalb einem massiven Befall unbedingt rechtzeitig vorgebeugt werden muss. Am wirkungsvollsten geschieht dies mit sogenannten spot-on-Präparaten, die (in recht kurzen Intervallen von vier bis acht Wochen) auf die Haut des Hundes aufgeträufelt werden. Auch wasserresistente Halsbänder können zur effektiven Abwehr dienen, müssen aber, sollte keine Sollbruchstelle vorhanden sein, vor jedem Schwimmen abgenommen werden, was beim wassernärrischen Labrador Retriever nicht eben praktisch ist. Heilkräuter und ätherische Öle wirken, wenn überhaupt, nur bei sehr geringem Parasitendruck; von Knoblauchpräparaten ist wegen der Gesundheitsgefahren für den Hund sogar völlig abzuraten. Das gewissenhafte Absammeln und Auskämmen aus dem Fell – in diesem Fall der Zecken – kann nur genügend Abhilfe schaffen, wenn wenige dieser Plagegeister in der Natur vorhanden sind, ansonsten übersieht man einfach zu viele. Hat eine Zecke aber erst einmal fest in der Haut angedockt, kann sie meist auch sofort mit der Erregerüberleitung aus ihrem Speichel in den Hund beginnen. Nur bei den tief im Darm der Zecke verweilenden Borrelien dauert es länger (12 bis 24 Stunden), bis sie sich in deren Speichel wiederfinden und somit für den Hund infektiös werden. Trotzdem: Hat eine Zecke sich festgesetzt, raus damit, so schnell wie möglich und am besten mit einer Zeckenzange!

Tipp | Entwurmung

Da sowohl Flöhe als auch Haarlinge Zwischenwirte des auch auf den Menschen übertragbaren Kürbiskern-Bandwurmes (Dipylidium caninum) sind, ist es bei Befall ratsam, mit dem Labrador eine Entwurmung durchzuführen.

Magen-Darm-Erkrankungen

Zur täglichen Gesundheitsvorsorge des Labrador Retrievers gehört es auch, die Häufigkeit des Harnlassens und Kotabsetzens zu überwachen sowie die Konsistenz und Farbe seiner Ausscheidungen zu kontrollieren.

Hochvolumige Kotausscheidungen können z. B. Zeichen schlechter Verdaulichkeit der Nahrung sein. Große Mengen an Urin sind nicht selten ein Hinweis auf eine sich anbahnende Zuckerkrankheit (Diabetes mellitus) oder z. B. eine Gebärmuttervereiterung (Pyometra). Vermehrtes Harnlassen vor allem bei unkastrierten Hündinnen, noch dazu an sehr markanten Stellen ihres Territoriums, ist dagegen nicht pathologisch, sondern deutet eher auf eine bevorstehende Läufigkeit hin. Tröpfelnder und schmerzhafter Harnabsatz kann durch Harnblasensteine (Zystinsteine) bedingt sein.

Durchfall

Die verschiedensten Ursachen können Durchfall auslösen. Doch hauptsächlich sind es Ernährungsfehler. Aber auch Erkältungen, Darmparasiten, Bakterien, Viren oder z. B. das Trinken größerer Mengen von Meerwasser oder das Fressen von Schnee können mehr oder weniger dünnen Stuhl zur Folge haben.

Wenn kein Blut beigemengt ist und der Hund nicht gleichzeitig erbricht, kann der Durchfall durch Diät behandelt werden. Verordnen Sie Ihrem Labrador einen Schonkosttag, an dem er nur Karottensaft oder geriebenen Apfel zu fressen bekommt. Am folgenden Tag können Sie auf ganz mageres, leicht verdauliches Fleisch (z. B. Pute, Hühnchen) und gekochte Nudeln oder sehr weich gegarten Reis übergehen. Auch ein Aufguss aus Schafgarbeblättern oder Kamillenblüten kann hilfreich sein. Ein altbewährtes Hausmittel gegen Durchfall, das auch beim Labi in der Regel Wunder wirkt, sind fein pürierte Brombeeren. Eine Hand voll frische Früchte pro Tag genügt.

Brechdurchfall

Bei starkem Brechdurchfall oder blutigem Durchfall dürfen Sie auf keinen Fall selbst therapieren, sondern müssen sofort Ihren Tierarzt aufsuchen. Denken Sie daran, gleich eine Stuhlprobe Ihres Hundes in die Praxis mitzunehmen.

Sollte Ihr Labrador nach starkem Durchfall „Schlitten fahren", d. h. auf seinem Hinterteil vorwärtsrutschen, dann leidet er möglicherweise unter einer Verstopfung und/oder an einer Entzündung der nahe des Afters gelegenen Analbeutel(drüsen). Ihr Tierarzt zeigt Ihnen, wie man diese Beutel ausdrückt. Da ein solches Verhaltensmuster auch

Der Labrador Retriever ist bekanntlich kein Kostverächter und ziemlich robust, was seine Darmflora betrifft. Derlei Leckereien können aber auch bei ihm rasch zu Magen-Darm-Beschwerden führen.

Magen-Darm-Erkrankungen

Bei Durchfall können Sie Ihrem Labi auch einen Fastentag verordnen. Geben Sie ihm reichlich Schwarztee, damit es nicht zu Austrocknungssymptomen kommt. Dazu stets den zweiten Aufguss verwenden und mindestens 15 Minuten ziehen lassen. So enthält der Tee viele Gerbstoffe, die Magen und Darm beruhigen, aber kaum mehr stimulierendes Tein.

durch starken Wurmbefall ausgelöst werden kann, sollten Sie – falls es nach dem Ausdrücken der Analbeutel nicht verschwindet – eine Entwurmung in Erwägung ziehen.

Erbrechen
Gelegentliches Erbrechen ist harmlos. Die Funktionalität des Verdauungstraktes eines Hundes ist dahingehend ausgerichtet, relativ leicht erbrechen zu können. Instinktsichere Elterntiere würgen Ihren Welpen bereits ab der dritten Lebenswoche regelmäßig leicht vorverdautes Futter vor. Den durch das Erbrechen hervorgerufenen Flüssigkeits- und Elektrolytverlust sollten Sie dennoch durch mehrere Prisen Kochsalz in reichlich Trinkwasser ausgleichen. Sollte Ihr Retriever jedoch wiederholt erbrechen oder zusätzlich starken Durchfall zeigen, suchen Sie unbedingt den Tierarzt auf. Es könnten auch sehr ernsthafte Ursachen wie z. B. Erkrankungen der Bauchspeicheldrüse und der Nieren oder eine Vergiftung dahinterstecken.

Wird das erbrochene Futter sogleich wieder gefressen, liegt in der Regel keine Magen-Darm-Störung vor. Nicht wenige Labrador Retriever verzehren zahlreiche ihrer Mahlzeiten genüsslich auf diese Weise ein zweites Mal. Dies ist ein ganz normales Verhalten.

Rundum gesund

Viele Labis sind duldsam genug, Medikamente auf diese Weise zu sich zu nehmen. Auch in die etwas abgespreizte Lefze können Sie Flüssigkeiten und Pasten eingeben, ebenso Globuli, die Streukügelchen aus der „homöopathischen Apotheke".

Endoparasiten

Im Hunde-Dünndarm kommen verschiedene Parasiten wie z. B. Bandwürmer und Rundwürmer (hauptsächlich Spulwürmer) vor, die den Labrador als Wirtsorganismus nutzen und dadurch seine Gesundheit beeinträchtigen können. Unter den Bandwürmern sind es vor allem der Hundebandwurm (Echinococcus granulosus) und der Fuchsbandwurm (Echinococcus multilocularis), die auch uns Menschen sehr gefährlich werden können. Daher sind regelmäßige mikroskopische Kotuntersuchungen auf Wurmbefall außerordentlich wichtig – vor allem, wenn Krabbel- und Kleinkinder mit dem Labi zusammenleben. Ob tatsächlich entwurmt werden muss, zeigt das Resultat. Mindestens zehn Tage vor einer Schutzimpfung sollte auf jeden Fall eine Entwurmung vorgenommen werden (siehe S. 58). Entwurmungen wirken übrigens nur dann zuverlässig, wenn alle in einem Haushalt lebenden Tiere (auch Katzen) gleichzeitig behandelt werden.

Um die Belastung durch Entwurmungsmittel so gering wie möglich zu halten, müssen Sie Ihrem Labrador bereits vom Welpenalter an verbieten, nach Mäusen zu graben und diese zu fressen. Denn die kleinen Nagetiere sind häufig Zwischenwirte des gefürchteten Hunde- bzw. Fuchsbandwurmes. Ein erhöhter Wurmbefall bei regelmäßig mit Rohfutter ernährten Hunden konnte nicht nachgewiesen werden.

Verabreichung von Wurmmitteln
Für den Welpen werden Wurmmittel meist als Flüssigkeit oder in Pastenform angeboten, sodass sie bequem unter das Futter gerührt werden können.
Tabletten verabreichen Sie, indem Sie diese – zwischen Mittel- und Zeigefinger geklemmt – weit hinten auf den Zungengrund Ihres Labradors legen und seinen Fang danach so lange zuhalten, bis er abgeschluckt hat. Als Injektionspräparate stehen die Entwurmungsmittel nur dem Tierarzt zur Verfügung.

Info | Flüssigkeitsbedarf
Wie bereits betont, kann ein deutlich erhöhtes Trinkbedürfnis, möglicherweise verbunden mit einer vermehrten Wasserabgabe über die Harnblase, ein Hinweis auf Funktionsstörungen der Nieren oder der Bauchspeicheldrüse sein. Es kann aber auch auf Hormonstörungen oder entzündliche Veränderungen im Organismus hindeuten, wie z. B. auf eine lebensbedrohende Gebärmuttervereiterung (Pyometra) bei der Hündin. Aus diesem Grund sollten Sie auch die tägliche Trinkwasseraufnahme Ihres Labrador Retrievers sorgfältig überwachen und im Zweifelsfall Ihren Tierarzt aufsuchen.

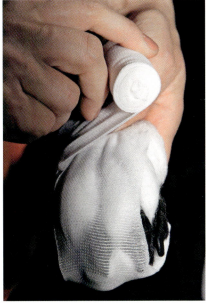

Pfotenverband Schritt für Schritt: Wunde mit steriler Kompresse abdecken – zwischen jedes Zehenpaar Verbandwatte legen (Daumenkralle nicht vergessen!) – an den Zehen beginnend den Polsterverband mit einer Mullbinde straff umwickeln (an der Vorderpfote bis zum Karpalballen, an der Hinterpfote bis zum Sprunggelenk) – Mullverband mit selbsthaftender elastischer Binde umschlingen; ggf. Pfotenschutzschuh überstülpen.

Erste-Hilfe-Maßnahmen

Im Ernstfall Ruhe bewahren!
> Den Labrador anleinen.
> Nach einem Verkehrsunfall, dem Verschlucken eines Gegenstandes, bei Vergiftungen oder einer Magendrehung: Sofort den Tierarzt aufsuchen.
> Beim Transport Atemwege des Hundes freihalten (Zunge zwischen Eck- und Backenzähne legen), etwaige Blutungen stillen (blutendes Gefäß mit den Fingern abdrücken oder Druckverband anlegen).
> Bei Atemstillstand Mund-zu-Nase-Beatmung durchführen. Dazu Fang des Tieres schließen und sanft Luft in seine Nasenlöcher einblasen. Wiederholung nach drei Sekunden.
> Nach Hitzschlag und Kreislaufversagen: Den Labrador sofort ins Kühle bringen. Ihn, an den Extremitäten beginnend, behutsam mit Wasser abkühlen. Haben sich Atmung, Herzschlag und Körpertemperatur etwas normalisiert, unverzüglich zum Tierarzt! Hier besteht die Gefahr eines Nierenversagens.
> Nach Einbrechen ins Eis besteht Unterkühlungsgefahr.
Symptome: starkes Zittern, flache Atmung bis zur Bewusstlosigkeit, Körpertemperatur unter 36 °C
Abhilfe: lauwarme bis warme Bäder, gründliches Abrubbeln, Bestrahlen mit einer Wärmelampe. In schweren Fällen zum Tierarzt!
> Nach Beißereien oder zunächst harmlos erscheinenden Unfällen: Den Labrador genauestens überwachen und ggf. den Tierarzt aufsuchen! Bei oberflächlich winzig erscheinenden Bisswunden im Brust- und Bauchbereich kann auch das Bauchfell verletzt sein. Dann besteht akute Lebensgefahr.

Info | Vitalfunktion

Mittelwerte für die Vitalfunktionen in Ruhe beim erwachsenen Labrador:
> Herzfrequenz: 75 Schläge pro Minute (auf der Innenseite der Oberschenkel am besten spürbar)
> Atemfrequenz: 20 Züge pro Minute
> Körpertemperatur: 37,5 °C (rektal)

Rundum gesund

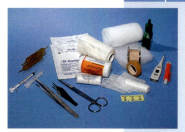

Info Erste-Hilfe-Set

> Sterile Mullkompressen/ Gaze zum Abdecken offener Wunden
> Verbandswatte/Polsterbinde zum Abdecken des Gazeverbandes und zum Polstern bei Verletzungen an Pfoten oder Ohren
> Elastische Klebebinde/Mullbinde zum Fixieren des Verbandes
> Textilklebeband
> Wasser abstoßender Schnellverband für die Pfoten
> Verbandsschere
> Anatomische Pinzette zum Entfernen von Splittern/Insektenstacheln
> Zeckenzange
> Kunststoffspritze ohne Kanüle zum Einträufeln von Flüssigkeiten in den Mundwinkel
> Kalziumpräparat zum Eingeben nach Insektenstichen

Unfallverhütung

Vorausschauendes und umsichtiges Handeln ist die wichtigste Voraussetzung, um ernsthaften Erkrankungen und Unfällen vorzubeugen.
> Den Labrador daran gewöhnen, auf Signal unverzüglich heranzukommen.
> Ihn nicht mit Halsband spielen oder schwimmen lassen.
> Ihn niemals ohne Aufforderung in unbekannte Gewässer springen lassen.
> Keine Stöcke zum Apportieren verwenden.
> Ihm keine übermäßige Belastung zumuten und ihn bei Hitze nicht allein im Auto lassen.
> Ihn bei Autofahrten anschnallen oder Absperrgitter verwenden.
> An befahrenen Straßen Leine einsetzen.
> Dem Labrador mehrmals am Tag kleine Futterportionen anbieten.
> Ihn nicht vor dem Gassigang oder dem Umhertollen füttern.
> Verhindern, dass er zu hastig frisst und unmittelbar nach der Nahrungsaufnahme sehr große Wassermengen trinkt.

Läufigkeit der Hündin

Meist zweimal im Jahr, in der Regel im zeitigen Frühjahr und Herbst, ist es soweit: Die unkastrierte Hündin verändert sich – sie wird läufig.

Verlauf

Der Sexualzyklus der Hündin gliedert sich in die vier Phasen Vorbrunst (Proöstrus), Brunst (Östrus), Rückbildungsphase (Metöstrus) und Ruhephase (Anöstrus). Die Abfolge dieser Phasen wird durch eine rhythmische Änderung des Sexualhormonspiegels im Blut des Tieres ausgelöst. Die Steuerung dieser Veränderungen übernehmen spezielle Gehirnzentren (Hypothalamus, Hypophyse) und die beiden Eierstöcke. Während des mehrmonatigen Anöstrus bleibt die Hormonkonzentration relativ konstant.

Fortpflanzungsfähigkeit

Eine Hündin bleibt bis ins hohe Alter fortpflanzungsfähig. Allerdings treten bei älteren Hündinnen (ab etwa dem siebten Lebensjahr) nicht selten Unregelmäßigkeiten im Sexualzyklus auf. Dabei kann die Läufigkeit verkürzt, aber auch stark verlängert sein. Sie kann bis zu dreimal jährlich oder auch nur einmal im Jahr auftreten. Meistens sind die Anzeichen der Läufigkeit im

Alter auch weniger deutlich ausgeprägt. Die genannten Abweichungen sind aber nicht krankhaft. Sollte Ihre Labrador-Hündin jedoch eitrigen Ausfluss aus der Scheide zeigen (in der Regel drei bis acht Wochen nach der Läufigkeit), dann suchen Sie sofort den Tierarzt auf. Möglicherweise liegt eine Gebärmuttervereiterung (Pyometra) vor, die unbedingt behandelt werden muss.

Scheinträchtigkeit
Manche Hündinnen verhalten sich einige Wochen nach Abschluss der Läufigkeit so, als ob sie befruchtet worden wären. Ihr Gesäuge schwillt an, und es schießt Milch ein. Ihr Leibesumfang nimmt sichtlich zu. Manche Tiere zeigen sogar Nestbauverhalten und umsorgen ihre Spielsachen. Hündinnen, die diese Symptome zeigen, sind scheinträchtig.

Die Scheinträchtigkeit ist keine Krankheit. Hormonell gesehen wird jede Hündin nach einer Läufigkeit scheinträchtig, denn das schwangerschaftserhaltende Hormon Progesteron wird auch bei der nicht befruchteten Hündin nach Beendigung der Läufigkeit für kurze Zeit weiterhin gebildet.

Ob und wie man eine Scheinträchtigkeit behandelt, hängt vom Ausmaß der gezeigten Symptome ab. Reine Verhaltensänderungen bedürfen keiner Behandlung. Ist jedoch das Gesäuge so stark geschwollen, dass es der Hündin starke Schmerzen verursacht, sollte eine lokale Behandlung mit abschwellend wirkenden Salben durchgeführt oder die Milchbildung durch Gabe von Hormonpräparaten unterdrückt werden. Auch Homöopathika wie zum Beispiel Küchenschelle (Pulsatilla D4) oder Kermesbeere (Phytolacca D1) können hier helfen.

Info Läufigkeitsphasen

Phase	Veränderung der Geschlechtsorgane	Verhaltensveränderung
Proöstrus 1.–10. Tag	Scheide schwillt an, Ausfluss setzt ein (ab 5. Tag), Ausfluss wird stark und dunkelrot (ab 7. Tag), Ausfluss wird schwächer und hellrot (ab 11. Tag)	Hündin setzt verstärkt Urin und somit Duftmarken ab, lehnt Rüden ab
Östrus 11.–16. Tag	stark geschwollene Scheide wird weich, Ausfluss ist schleimig, schwach und rosa gefärbt	Hündin akzeptiert Rüden, legt Rute zur Seite
Metöstrus 17.–22. Tag	Scheide schwillt zunehmend ab, Ausfluss klingt vollständig ab	Hündin lehnt Rüden wieder ab

Erblich bedingte Krankheiten

Wegen ihrer großen Bedeutung für den allgemeinen Gesundheitszustand und somit im weitesten Sinne auch für den Erhalt dieser Hunderasse als robuste, sehr leistungsfähige Familien- und Gebrauchshunde sollen im Folgenden die bedeutendsten, überwiegend erblich bedingten Krankheitsbilder beim Labrador Retriever etwas genauer betrachtet werden.

Augenerkrankungen

Zu den erblich bedingten und zu starker Sehkraftverminderung bzw. Erblindung führenden Augenerkrankungen beim Labrador Retriever zählen folgende Leiden:

Progressive Retina-Atrophie (prcd-PRA), eine Krankheit, die durch langsam fortschreitende Reduktion von Blutgefäßen in der Netzhaut (Retina) des Auges gekennzeichnet ist.

Retina-Dysplasie (RD), ein Krankheitsbild, bei dem sich die Netzhaut immer mehr vom Augenhintergrund ablöst.

Erblicher Grauer Star (heredity cataract: HC), eine vererbbare milchig weiße Eintrübung der Augenlinse.

Gerade der erbliche Netzhautschwund (PRA) prägt sich meist erst in höherem Lebensalter aus. Sind Zuchthunde betroffen, haben sie ihre krank machenden Erbanlagen schon weit verbreitet. Glücklicherweise ist es heutzutage möglich, betroffene Tiere bzw. Träger anhand von DNA-Analysen bereits vor ihrem Zuchteinsatz zweifelsfrei zu identifizieren und somit der Weiterverbreitung dieser schweren Erkrankung Einhalt zu gebieten.

Neben der erblich bedingten Netzhautveränderung gibt es auch Degenerationen der Netzhaut aufgrund von Entzündungsreaktionen. Diese sind aber leicht von der PRA, die stets beide Augen betrifft und zudem progressiv verläuft, zu unterscheiden.

Bisweilen kommen bei Labrador Retrievern auch vererbbare Erkrankungen der Augenlider vor:

Entropium, die Einwärtsrollung des Augenlides, und Ektropium, die Auswärtsrollung des Augenlides. Beide können Entzündungen der Hornhaut und bleibende Schädigungen der Augen nach sich ziehen. Deshalb ist in schweren Fällen eine operative Korrektur nötig.

Myopathie

Die „Heredity Myopathy of Labrador Retrievers" (HMLR) ist eine erblich bedingte neuromuskuläre Erkrankung, die sich bereits im Welpenalter (achte bis zwölfte Lebenswoche) durch eine deutliche Muskelschwäche sowie durch Volumenabnahme (Atrophie) der Muskelsubstanz bemerkbar machen kann. Charakteristisch sind neben der Atrophie eine veränderte, meist schlenkernde Bewegungsweise mit zum Teil hüpfender Gangart. Zittern der Gliedmaßen, ein stark zu Boden ge-

---

Info | Genetische Präposition

Zahlreiche Erkrankungen werden als (Prä-)Dispositionen vererbt. Das bedeutet, dass der Welpe noch nicht mit der jeweiligen Krankheit zur Welt kommt, dass er aber eine wesentlich größere Bereitschaft als andere Hunde mitbringt, diese Erkrankung irgendwann in seinem Leben auszuprägen. Der Ausbruch der Krankheit sowie ein schwerer Verlauf werden umso wahrscheinlicher, je stärker der für diese bestimmte Erkrankung prädisponierte Hund mit speziell diese Krankheit fördernden Umweltfaktoren konfrontiert wird. Die ererbten Veranlagungen für Hüft- bzw. Ellenbogengelenk-Erkrankungen beim Labrador sind Beispiele dafür.

neigter Kopf, gekrümmte Rückenhaltung, geringe Leistungsfähigkeit sowie eine rasche Ermüdbarkeit und Untergewicht des Hundes gehören ebenfalls zum Krankheitsbild der Myopathie. Bei Belastung und unter Kälteeinwirkung können sich die genannten Symptome beträchtlich verstärken und bis zum völligen Kollaps des Tieres führen.

Behandlungsmöglichkeiten
Einigen Labrador Retrievern konnte durch die Verabreichung des Neuroleptikums Diazepam etwas geholfen werden. Ansonsten besteht eine Behandlung bislang eigentlich nur darin, betroffene Hunde nicht zu überanstrengen und gegebenenfalls streng zu schonen. Obwohl es ganz vereinzelt – und meist innerhalb der ersten beiden Lebensjahre – zu einer spontanen Besserung der schwersten Krankheitssymptome gekommen ist, muss man doch eingestehen, dass die Mehrzahl der an Myopathie erkrankten Labrador Retriever noch während ihrer ersten zwölf Lebensmonate eingeschläfert werden muss. Glücklicherweise gibt es seit Ende 2005 einen Gentest, mit dessen Hilfe es möglich ist, Merkmalsträger frühzeitig zu erkennen, sodass sie erst gar nicht in die Zucht und damit zur Weitergabe ihrer krank machenden Erbanlagen gelangen. Es genügen dafür 0,5 ml sogenanntes EDTA-Blut.

Info Rezessiver Vererbungsmodus

Viele krankheitsauslösenden Gene (n) verhalten sich rezessiv (untergeordnet) gegenüber den dominanten Normal-Genen (N). Sie führen erst dann zum Defekt, wenn sie paarweise auftreten. Hunde, die ein krank machendes Gen in einfacher Anzahl (Nn) im Erbgut tragen, erscheinen vom Phänotyp (das heißt von ihrem äußeren Erscheinungsbild) her gesund, können das Defekt-Gen aber dennoch an ihre Nachkommenschaft weitergeben. Sie werden als Träger bezeichnet. Trägt der andere Elternteil das Defekt-Gen ebenfalls in einfacher Anzahl, kann es bei einzelnen Nachkommen zum Auftreten dieses Gens in „doppelter Dosis" und somit zum Auftreten der durch dieses Gen verursachten Erkrankung kommen. Beispiele für einen solchen Erbgang sind die Progressive Retina-Atrophie und die Myopathie beim Labrador. Diese Erkrankungen sind jeweils nur durch ein einziges Gen, also monogenetisch, verursacht.

Vater bzw. Mutter	Mutter bzw. Vater	(NN)Nachkommen
krank (nn)	krank (nn)	100 % krank (nn)
krank (nn)	Träger (Nn)	50 % krank (nn) 50 % Träger (Nn)
krank (nn)	ganz gesund (NN)	100 % Träger (Nn)
Träger (Nn)	Träger (Nn)	25 % krank (nn) 25 % ganz gesund (NN) 50 % Träger (Nn)
Träger (Nn)	ganz gesund	50 % ganz gesund (NN) 50 % Träger (Nn)

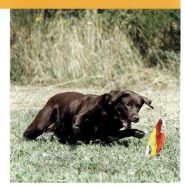

Skeletterkrankungen

Wird der Labrador Retriever von Anfang an gesund ernährt und ausreichend mit Vitaminen und Mineralstoffen versorgt und werden seine Knochen, Bänder und Gelenke nicht einseitig oder übermäßig beansprucht, können bleibende Schäden am Bewegungsapparat vermieden werden. Sogar bei einer Prädisposition für Knochen- oder Gelenkerkrankungen können ausgewogene Ernährung und richtige Bewegung die Ausprägung des Krankheitsbildes nachweislich sehr günstig beeinflussen. Die für die Rasse bedeutendsten Erkrankungen dieser Art sind die Hüftgelenk-Dysplasie (HD) und die Ellenbogengelenk-Dysplasie (ED). Beide können in fortgeschrittenem Stadium und infolge schwerer Arthrosen zu außerordentlich starken Schmerzen und sogar zu Lahmheit führen. Erste Anzeichen einer HD bzw. ED sind meist große Mühe beim Aufstehen und/oder Hinlegen sowie ein unsicherer oder steifer Gang des Tieres.

Hüftgelenk-Dysplasie

Der sogenannten Hüftgelenk-Dysplasie liegen krankhafte Veränderungen der Knochen des Hüftgelenks zugrunde. Betroffen sind die Hüftgelenkspfanne (das ist ein bestimmter Teil des Beckenknochens) und der Gelenkkopf des Oberschenkels. Die HD kann ein- oder beidseitig auftreten.

Auch wenn insbesondere bei potenziellen Zuchthunden gelegentlich ein sogenanntes „Vorröntgen" auf HD am wachen Jungtier durchgeführt wird, ist eine wirklich sichere Diagnose erst durch röntgenologische Untersuchungen zwischen dem zwölften und dem 18. Lebensmonat und unter Vollnarkose möglich.

Ellenbogengelenk-Dysplasie

Die Ellenbogengelenk-Dysplasie hat ihre Ursache in Störungen des natürlichen Verknöcherungsprozesses in einem oder beiden Ellenbogengelenken. Zu diesen Wachstumsdefekten zählen hauptsächlich Knorpelbildungsstörungen (Osteochondrosen) sowie das Auftreten fragmentierter oder isolierter Knochensplitter im Bereich der Ellenbogen. Als Folge derartiger Veränderungen am/an den Ellenbogengelenk(en) kommt es dort zu mehr oder weniger stark ausgeprägten Arthrosen, die dann als Ellenbogengelenk-Dysplasie bezeichnet werden. Diese arthrotischen Veränderungen können sich in sehr frühen Wachstumsphasen mani-

Info | Bewertung von Skeletterkrankungen

Schweregrad	HD	ED
frei	A1 und A2 bzw. 0	0
verd./Grenzfall	B1 und B2 bzw. 1	GF
leicht	C1 und C2 bzw. 2	I
mittel	D1 und D2 bzw. 3	II
schwer	E bzw. 4	III

Erblich bedingte Krankheiten 71

Nicht jeder Hund, bei dem (anhand einer Röntgenuntersuchung) eine ED oder HD festgestellt wurde, zeigt in der Folge auch tatsächlich Anzeichen einer Erkrankung. Es gibt Labis, die sich zeitlebens beschwerdefrei zeigen.

festieren und sind dann bereits zwischen dem vierten und achten Lebensmonat röntgenologisch nachweisbar.

Krankheitsentstehung
Bei der Entstehung der HD bzw. ED sind jeweils mehrere Gene ursächlich beteiligt. Darüber hinaus beeinflussen verschiedenste Umweltfaktoren das Krankheitsbild. Es handelt sich also um sogenannte polygenetisch, multifaktoriell bedingte Erkrankungen, deren Auslösern auf die Spur zu kommen ungleich schwieriger ist als bei monogen gesteuerten und von Außenfaktoren unabhängigen Krankheiten wie etwa der PRA. Deshalb gilt es bereits bei der Zuchtplanung äußerst gewissenhaft vorzugehen, um die Krankheitsausbreitung nicht zu fördern (etwa durch Ermittlung des Zuchtwertes beider Elterntiere).

Begünstigend für den Krankheitsausbruch und einen schweren Verlauf wirken im Wesentlichen 3 Faktoren:
› Überbeanspruchung der Gelenke während des Wachstums, z. B. durch zu häufiges Treppensteigen, zu ausgiebige Bewegung und durch Übergewicht,
› zu kalk(kalzium)arme, aber auch zu kalkreiche Ernährung und
› zu rasches Körperwachstum, vor allem induziert durch einen zu hohen Energiegehalt der Nahrung.

Zu reichlich gefütterte Welpen und Junghunde wachsen rascher und erreichen ihre genetisch vorgegebene Größe wesentlich früher als sparsamer ernährte Tiere. Die für die Stabilität der Knochen so nötigen Reifungsprozesse können bei einem solch extrem raschen Wachstum nicht mithalten. Die Folge: eine ungesunde und ungleichmäßige Knochen- bzw. Gelenkentwicklung und damit ein erhöhtes Risiko für die Ausprägung einer HD und/oder ED bei entsprechend veranlagten Hunden.

Auch bedarfsgerecht gefütterte Labrador Retriever können bei einem unausgewogenen Mineralstoffverhältnis ihres Futters Fehlentwicklungen z. B. der Knorpel- und Knochenbildung aufweisen, so z. B. durch zu kalziumarme Ernährung. Andererseits – und diese Erkenntnis setzt sich leider nur sehr zögernd durch – kann auch eine zu kalziumreiche Fütterung (z. B. durch die übertriebene Zufütterung von Futterkalk) erhebliche Skelettschäden hervorrufen und bei genetischer Prädisposition die Ausprägung einer HD oder ED begünstigen! Auch eine übermäßige Vitamin-D3-Fütterung (z. B. in Form von Nahrungszusätzen) kann krankheitsbegünstigend wirken.

Er liebt ausgedehnte Spaziergänge in Feld, Wald und Flur. Als Welpe und Junghund darf man dem rasch- und großwüchsigen Labrador allerdings nicht zu viel zumuten, damit seine Sehnen, Bänder und Gelenke nicht geschädigt werden. Rechtzeitig Pausen einlegen, lautet die Devise.

Behandlungsmöglichkeiten
Zeigt das Röntgenbild einen HD- und/oder ED-positiven Befund, sollten Sie ganz besonders darauf achten, dass Ihr Labrador Retriever schlank bleibt und starke Belastungen seines Bewegungsapparates vermieden werden. Auf keinen Fall aber dürfen Sie Ihren Hund zu sehr schonen und seinen Auslauf reduzieren. Bewegung stärkt vielmehr die Muskulatur des Tieres und hilft so, die verminderte Beweglichkeit der krankhaft veränderten Gelenke abzufangen.

In bestimmten Fällen kann außerdem die regelmäßige und angepasst dosierte Verabreichung gelenkwirksamer Substanzen (z. B. Glykosaminoglykane: GAG) zum Erhalt des Knorpels und zur Verbesserung der Qualität der Gelenkflüssigkeit bzw. zu deren Vermehrung beitragen. Die Verfütterung von Fisch kann über den hohen Gehalt an „Omega-3-Fettsäuren" ebenfalls helfen, die „Gelenkschmiere" aufrechtzuerhalten.

Um erkrankten Hunden unnötiges Leiden zu ersparen, ist in schweren Fällen eine Operation unumgänglich. Denn bei der Behandlung der Symptome, z. B. mit entzündungshemmenden und schmerzlindernden Medikamenten, besteht die Gefahr, dass gerade so temperamentvolle Hunde wie Labrador Retriever in dem Moment, in dem sie aufgrund der Medikation keine Schmerzen mehr verspüren, ihren Bewegungsdrang auch voll ausleben wollen, folglich ihren Gelenkapparat – der zwar schmerzfrei, aber nach wie vor geschädigt ist – überlasten und damit das Krankheitsbild immer mehr verschlechtern.

Krebs

Wie bei allen Hunderassen können auch beim Labrador Retriever gelegentlich bösartige Tumore auftreten, die nicht selten von den Milchdrüsen oder verschiedensten Hautzellen ausgehen.

Tumore bei der Hündin
Gesäugetumore (Mammatumore) beispielsweise, die vermehrt bei älteren, nicht kastrierten Hündinnen auftreten, müssen frühzeitig operativ entfernt werden, damit keine Metastasen gestreut oder gutartige Wucherungen bösartig werden können. Abgesehen von den nicht zu unterschätzenden Nachteilen einer Entfernung der sexualhormonproduzierenden Eierstöcke (Harninkontinenz, Fellveränderungen, etc.) kann eine frühzeitige Kastration

Labradorschicksale: Tessa (links) war zeitlebens gesund (außer einem Mammatumor, der ihr mit 12 Jahren entfernt wurde) und wurde fast 15 Jahre alt. Bonnie (Mitte) erkrankte mit 6 Jahren an einem Mastozytom, das nach operativer Teil-Entfernung auch heute noch unter Kontrolle ist. Sie ist nun bald 11 Jahre alt und genießt ihre Freiheiten. Carol (rechts) hatte schwere ED, was sie aber nicht daran hinderte, freudig durch ihr kurzes Leben zu eilen. Wenige Wochen nach ihrem 7. Geburtstag verstarb sie an akutem Herzversagen.

der Hündin (nach der ersten und noch vor Beginn der zweiten Läufigkeit) jedoch nachweislich ihr Risiko, an einem Gesäugetumor zu erkranken, deutlich reduzieren.

> **Tipp | Vererbbarkeit**
> Da bei jeder Art von Krebserkrankung immer auch eine erbliche Komponente vermutet wird, sollten Sie Ihren Labradorzüchter unbedingt nach dem Auftreten von Tumorerkrankungen in seinen Linien befragen.

Tumore beim Rüden

Beim Rüden kann das Zurückbleiben eines (Monorchismus) oder beider (Kryptorchismus) Hoden in der Bauchhöhle bzw. im Leistenkanal ebenfalls zu einer Krebserkrankung führen. Da solche tumorösen Entartungen recht häufig auftreten, sollten in den Körperhöhlen verbliebene Hoden baldmöglichst operativ entfernt werden. Diese, auch als Hodenhochstand bezeichnete Fehlentwicklung der männlichen Keimdrüsen ist erblich. Deshalb dürfen betroffene Rüden, bei denen beispielsweise nur einer der beiden Hoden nach der neunten Lebenswoche in der Bauchhöhle verblieben ist, und die demzufolge durchaus in der Lage wären, Nachkommen zu zeugen, dennoch nicht zur Zucht eingesetzt werden.

Geschwüre

Fettzellengeschwüre (Lipome), die bei alten Retrievern relativ häufig auftreten, sind meist gutartige Gewebeveränderungen. Als harte, glattwandige, verschiebbare Knoten sind sie unter der Haut tastbar. Meist weicher und unklarer in und unter der Haut zu tasten, sind tumorige Veränderungen der Mastzellen im Bindegewebe (Mastozytome). In der Regel sind diese – schon beim jüngeren Labrador – recht häufig auftretenden, schubweise wachsenden Mastzellentumore sehr bösartig und müssen schnellstmöglich großzügig chirurgisch entfernt werden, damit sie keine anderen Gewebe infiltrieren. Dabei ist jedoch Vorsicht geboten, denn diese malignen Dermaltumore sind dafür bekannt, bei Stressfaktoren jedweder Art Histamin sowie Heparin freizusetzen, was zu lebensbedrohenden Gerinnungsstörungen führen kann. Ist es nicht möglich, den Tumor restlos zu entfernen, sollten weitere Behand-

Vorsicht bei stark verschmutzten und mit Algen überzogenen Gewässern! Lassen Sie Ihren Labrador dort nicht schwimmen gehen. Nicht nur seine Hautgesundheit könnte darunter leiden.

lungen folgen. Am Erfolg versprechendsten scheint die lebenslange Kortisongabe zu sein – diese erhöht die Überlebensrate nachweislich deutlich.

Epilepsie

Selten erkranken Labrador Retriever an epileptischen Anfallsleiden wie z. B. der idiopathischen Epilepsie, bei der primär keine organischen Ursachen nachzuweisen sind. Die Epilepsie ist eine multifaktorielle Erkrankung. Neben endogenen (körpereigenen) Anlagen für die Übererregbarkeit bestimmter Nervenzellen im Gehirn, die letztendlich für die Ausprägung eines Krampfanfalles verantwortlich sind, können Erkrankungen wie z. B. Gehirntumore, durch Zecken übertragene Meningitis-Enzephalitis-Infektionen, Stoffwechselstörungen (akuter Kalziummangel), Ursache epileptiformer Krämpfe sein. Bei entsprechend veranlagten Tieren können Nahrungsmittelunverträglichkeiten oder extreme Umweltreize wie Lärm epilepsieähnliche Krampfanfälle hervorrufen. Vor einer medikamentösen Therapie steht daher zunächst die eingehende Diagnose. Bestimmte Epilepsieformen beim Labrador scheinen erblich zu sein. Da es aber sehr schwierig ist, erbliche von nicht erblichen Formen zu unterscheiden, darf

mit anfallskranken Hunden generell nicht gezüchtet werden. Doch auch Zuchtvorhaben mit engen Verwandten solcher Tiere sind nicht unkritisch.

Haut- & Fellveränderungen

Haut- und Fellveränderungen können vielfältige Ursachen haben. Oftmals liegt ihnen ein Befall mit Ektoparasiten wie etwa Flöhen oder Hautpilzen zugrunde (siehe S. 60). Aber auch hormonbedingte Störungen oder Allergene, z.B. bestimmte Futterbestandteile oder Flohspeichel, können dahinterstecken.

Die mangelnde Hormonproduktion der Schilddrüse, also eine Schilddrüsenunterfunktion, kann neben allgemeiner Abgeschlagenheit, Gewichtszunahme und Unregelmäßigkeiten der Läufigkeit unter anderem auch zu ausgeprägten Haut- und Fellveränderungen beim Labrador Retriever führen. Ein stumpfes, dünnes Haarkleid kann bei dieser, auch als Hypothyreose bezeichneten Erkrankung ebenso auftreten wie verstärkte Schuppenbildung, Hautverdickungen, Schwarzfärbung der Haut sowie symmetrischer Fellausfall. Eine lebenslange Behandlung mit Thyroxin, einem der Hormone der Schilddrüse, bringt meist rasche Besserung der Symptome.

Einen sogenannten Säureschutzmantel besitzt ein Labrador nicht. Der pH-Wert seiner Haut liegt bei 6,8, was keinen erhöhten Schutz gegen Bakterien mit sich bringt. Diesen Part übernehmen die Fettsäuren in seinem reichlich ausgeschiedenen Hauttalg.

Malassezien
Da der Labrador Retriever als typischer „Wasserhund" wesentlich mehr Hauttalg produziert als die meisten anderen Rassen, hat er nicht selten mit einer starken Besiedlung seiner Körperoberfläche mit Malassezien zu kämpfen. Malassezien sind nicht-ansteckende, Fett liebende Hefepilze, die zur normalen Hautflora gehören, aber bei übermäßigem Auftreten und in feuchtwarmem Klima wie etwa im Ohr, unter den Achseln oder in den Zehenzwischenräumen, zu langwierigen, schwer zu therapierenden juckenden Hautläsionen sowie zu verstärkter Geruchsentfaltung betroffener Hautareale führen können. Neben einer lokalen Behandlung mit desinfizierenden Waschlösungen und pilzhemmenden Mitteln ist die Stärkung des Immunsystems für die Heilung von besonderer Bedeutung.

Alternative Heilverfahren

Zur Besserung zahlreicher Beschwerden, die im Zusammenhang mit den oben beschriebenen Erkrankungen auftreten, kann neben konventionellen Medikamenten und Behandlungsmethoden auch der Einsatz von Naturheilverfahren sehr sinnvoll sein. Durch Akupunktur werden sehr erfolgreich Schmerz- und Entzündungszustände, z. B. infolge von Gelenkerkrankungen (Arthrose, Arthritis), gelindert. Speziell die Ohrakupunktur zeitigt hier große Erfolge. Auch der Einsatz bestimmter Massagen, Tellington-Touches oder anderer Grifftechniken (z.B. Osteopathie) kann dem Hund bei Gelenkschmerzen, Krämpfen oder Lähmungszuständen Linderung verschaffen.

Heilkräuter können helfen, die allgemeine Vitalität des Tieres zu steigern, indem sie dessen körpereigene Immunreaktionen ankurbeln. Auf der Anregung der Selbstheilungskräfte beruht auch die Wirkung von homöopathischen Mitteln – ganz spezifischen, hoch verdünnten Naturstoffen – im Einsatz gegen Allergien, chronische Gelenkentzündungen und die dadurch bedingten Schmerzen (Rhus toxicodendron, Dulcamara, Calcium fluoricum).

Übrigens können homöopathische Arzneimittel die Verabreichung starker Medikamente, wie z. B. von Digitalispräparaten (bei hauptsächlich im Alter auftretender Herzschwäche), recht lange hinauszögern und so eine unnötige Leber- und Nierenbelastung des alten Hundes vermeiden helfen.

Erziehung leicht gemacht

Wenn Sie Ihrem Labrador vom allerersten Tag an mit klar verständlichen und eindeutigen Verhaltensweisen Ihre Spielregeln lehren und ihn stets mit liebevoller, geduldiger Konsequenz und viel Einfühlungsvermögen erziehen und ausbilden, wird er sich vertrauensvoll einordnen und alle Signale bereitwillig und zuverlässig ausführen.

Konsequenz von Anfang an

Dass Labrador Retriever mit einer äußerst raschen Auffassungsgabe und einer hohen „Gehorsams- und Arbeitsintelligenz" ausgestattet sind, haben wir bereits erfahren. Wenn Sie sich nochmals erinnern, bestand die ursprüngliche jagdliche Arbeit dieser Hunde unter anderem darin, eng mit ihren Menschen zusammenzuarbeiten, absoluten Gehorsam auf Befehle zu zeigen und zuverlässig, vor allem aber sehr selbstständig zu handeln, falls es erforderlich würde.

Übertriebener Ehrgeiz während des Übens gilt es ebenso zu vermeiden wie anspruchslose, langweilige Lektionen. Beides lässt den Labi schnell auf „Durchzug" stellen – egal wie alt er ist. Aufmerksamkeit aber ist die Voraussetzung für erfolgreiches Lernen.

Diese rassespezifischen Anlagen und Fähigkeiten sind es, die Sie sich bei der Erziehung und Ausbildung Ihres Labradors zunutze machen können. Diese Veranlagungen sind es aber auch, die bei „unsachgemäßer Handhabung" Probleme bereiten können. Denn aufgrund ihrer schnellen Auffassungsgabe und ihrer bemerkenswert guten Lernfähigkeit sind Labrador Retriever rascher als Hunde vieler anderer Rassen in der Lage, Inkonsequenz oder Fehlverhalten zu erkennen und zu durchschauen. Bemerkt Ihr Labi derartige Schwächen bei Ihnen, dann laufen Sie Gefahr, seine Bereitschaft, sich freiwillig einzugliedern und die geltenden Spielregeln bedingungslos einzuhalten, zu verspielen.

Erziehung leicht gemacht

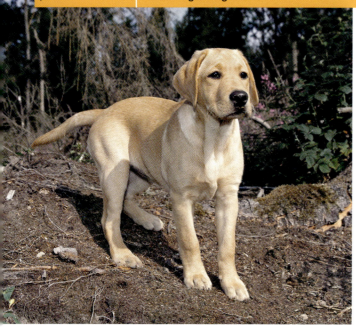

Überforderung ist kein guter Lehrmeister. Wenn Sie Ihren Hund immer genau beobachten, werden Sie rasch erkennen, wann es ihm zu viel wird. Obwohl die Zeit für die Sozialisation recht kurz bemessen ist: Zu viel hineinpacken dürfen Sie nicht!

Der Hund wird das Vertrauen in Ihre Sicherheit bietende Autorität als Rudelführer verlieren bzw. erst gar nicht aufbauen und mit Dominanzgehabe reagieren. Denn nichts ist gefährlicher für sein Rudel, als ein Rudeloberhaupt ohne Führungsqualitäten.

Jeder Hund ist anders

Und dennoch dürfen Sie niemals den Anspruch haben, alles sei machbar. Selbst als ausgesprochen konsequenter Retrieverhalter werden Sie ihn nicht erschaffen können: den perfekten Labrador. Denn jeder Welpe bringt z. B. hinsichtlich seiner genetischen Anlagen und seiner Früherfahrungen beim Züchter vorgegebene Startbedingungen mit, auf denen Sie mit Ihren Erziehungsmaßnahmen nur aufsetzen, deren Einflüsse auf das Wesen Ihres kleinen Hundes Sie aber nicht mehr verändern können. Außerdem haben sämtliche Umwelteinflüsse sowie jede noch so „unbedeutende" Kleinigkeit, die Ihr junger Hund bei Ihnen miterleben darf bzw. muss, Auswirkungen auf seine Psyche und auf seine Verhaltensweisen.

Umwelterfahrung

Es wurde schon mehrfach betont, dass die Umwelterfahrung – und hier insbesondere die der ersten sechzehn Lebenswochen – von elementarer Bedeutung für die Verhaltensentwicklung eines jungen Hundes ist.

Geben auch Sie Ihrem Labrador-Welpen deshalb gerade in diesen ersten Lebenswochen die Gelegenheit, sein Umfeld ausgiebigst kennenzulernen. Führen Sie ihn behutsam an so viel Unbekanntes wie nur möglich heran, damit er zusammen mit Ihnen viele positive Erfahrungen sammeln kann.

Lassen Sie ihn z. B. über steinigen, rutschigen oder knisternden Untergrund laufen. Geben Sie ihm die Chance, gelegentlich einmal eine Treppe langsam und vorsichtig hinauf- sowie hinunterzusteigen. Bieten Sie ihm verschiedenste optische Eindrücke und die unterschiedlichsten Geräusche an. Locken Sie Ihren Welpen auch an einem sich schnell öffnenden Regenschirm oder ähnlichen „Dingen des

> **Tipp | Tierarztbesuche**
>
> Schauen Sie in diesen ersten Tagen auch kurz bei Ihrem Tierarzt vorbei, und lassen Sie Ihr neues Rudelmitglied ausgiebig begutachten. Dort hält man garantiert ein Leckerli für Ihren Labi parat, und das Eis ist damit für alle Zeit gebrochen. Sowohl in der Tierarztpraxis als auch in deren unmittelbarer Umgebung sollte der kleine Welpe allerdings auf Ihrem Arm bleiben dürfen. Die Infektionsgefährdung des jungen Hundes, dessen Schutzimpfung jetzt noch nicht voll wirksam ist, ist gerade dort nicht unerheblich.

täglichen Lebens" vorbei. Zeigen Sie ihm alle Tiere, mit denen er in seinem Umfeld zu tun haben wird, wie Pferde, Schafe oder Katzen. Und vor allen Dingen: Loben Sie Ihren kleinen Welpen überschwänglich, wenn er sich dabei ruhig und sicher verhält.

Gehen Sie mit Ihrem jungen Hund auch in die Stadt, in belebte Kaufhäuser oder ins Restaurant und nehmen Sie ihn in öffentliche Verkehrsmittel mit, ja, vielleicht können Sie sogar einmal ein Kinderfest mit ihm besuchen. Denn je verschiedenartiger die Menschen sind, die Ihr Kleiner jetzt treffen kann (Aussehen, Verhaltensweisen, Bewegungsmuster, Sprache, Geschlecht usw.), umso besser für ihn.

Überforderung vermeiden

Gehen Sie bei Ihren „Umwelterfahrungsübungen" bitte immer mit Bedacht vor und überfordern Sie Ihren Welpen dabei nicht! Gähnt er häufig oder kratzt er sich wiederholt, sollten Sie unbedingt eine Pause einlegen. Denn Überforderung kann einem Labrador natürlich ebenso schaden wie Unterforderung! Übertriebener Ehrgeiz vonseiten des Hundeführers ist demnach nicht angebracht – und dies nicht nur während der Jugendentwicklung, sondern zu keiner Zeit im Leben eines Labrador Retrievers! Freundlich-spielerisches Vorgehen ist stattdessen angesagt!

Ein Jagdspiel um die Beute: Eine Beute, sprich Spielzeug, so einträchtig miteinander tragen, das bringen nur Hunde fertig, die früh enge Bande miteinander knüpfen konnten und nicht konkurrieren.

Kurze Übungen während der täglichen Spaziergänge machen Spaß, stärken die Bindung und fördern und erhalten die Lernbereitschaft des jungen Labradors.

Umgang mit Artgenossen

Nicht nur möglichst viele Menschen soll Ihr kleiner Labrador kennenlernen, sondern vor allem auch viele Hunde aller Rassen und Altersgruppen. Insbesondere mit anderen Welpen muss er sich jetzt ausgiebig beschäftigen können. Denn gerade in diesem relativ eng begrenzten Zeitraum bis zur sechzehnten Lebenswoche werden auch diejenigen Verhaltensweisen festgelegt, die ein Welpe sich nur in der Gemeinschaft mit gleichaltrigen Hunden aneignen kann. So muss er z. B. in Kampfspielen bestimmte Bewegungsabläufe einüben und verschiedene Elemente des Ausdrucksverhaltens (Mimik, Gestik) erkennen und anzuwenden lernen. Außerdem muss er lernen, seine eigenen Kräfte abzuschätzen und unter Kontrolle zu bringen.

Welpenspieltage

Welpen-(Prägungs-)Spieltage bieten Ihrem jungen Vierbeiner reichlich Gelegenheit, im Umgang mit Gleichaltrigen derartige Erfahrungen zu sammeln. Erkundigen Sie sich am besten, schon bevor Sie Ihren Labrador-Welpen ins Haus holen, nach geeigneten Terminen und Veranstaltungsorten in Ihrer Nähe. Adressen von Trainern für Prägungsspieltage finden Sie unter anderem in den Klubzeitschriften der Retriever-Vereine, in Hunde-Fachmagazinen und im Internet.

Positive Bestärkung

Wie angedeutet lernt auch der Labrador Retriever am schnellsten und am sichersten über positive Erfahrungen, also beispielsweise über Ihr Lob und Ihre Zuwendung. Deshalb sollten Sie Ihren kleinen Welpen immer dann gebührend belohnen (Lob, Streicheleinheiten, Leckerli), wenn er sich den verschiedenen Umweltreizen gegenüber sicher und gelassen verhält. Beobachten Sie Ihren Vierbeiner dabei einmal ganz genau.

Lob spornt an

Je häufiger Sie ein bestimmtes Verhalten durch Zuwendung belohnen, umso häufiger wird Ihr Hund gerade dieses Verhalten zeigen. Positive Handlungsbestärkung nennt man das in der Fachsprache. Diese spezifische Form des Lernens gilt es zu nutzen, wann immer es möglich ist! Aber kontrollieren Sie dabei stets, ob Sie nicht (ungewollt) das Falsche damit verstärken.

Ein Beispiel: Ihr Welpe ist etwas unsicher und zögert, an einem Schafpferch vorbeizugehen. Sie tätscheln ihm tröstend den Kopf und reden in mitleidvollem Tonfall auf ihn ein. Was erreichen Sie damit? Der kleine Labi wird in ähnlichen Situationen immer stärker von Ihnen abhängig werden und Zuwendung einfordern – und das wollen Sie ja nicht. Richtig machen Sie es, wenn Sie sein Verhalten zunächst einmal gar nicht beachten, sondern entschlossen Ihres Weges gehen. Seine Neugier und die „Tapferkeit" seines Rudelführers in dieser „bedrohlichen" Situation werden ihn antreiben, Ihnen zu folgen.

Kleine Hilfen sind erlaubt

Nur wenn sich der Welpe sehr verängstigt zeigt und auch nach Aufforderung nicht zum Weiterlaufen imstande ist, sollten Sie ihm Hilfe anbieten: Machen Sie sich dazu seine Begeisterungsfähigkeit und seinen unbändigen Spieltrieb zunutze. Verwickeln Sie Ihren Schützling in ein kleines Spielchen und locken ihn dabei zügig an dem angsteinflößenden Objekt vorbei. Die gemeinsam mit Ihnen beim Spielen erlebten positiven Empfindungen lenken ihn ab und helfen ihm, seine Unsicherheit zu überwinden und zu erkennen, dass von dem vermeintlich Bedrohlichen keine Gefahr für ihn ausgeht.

Am besten für das Selbstwertgefühl und die Entwicklung der inneren Sicherheit Ihres Labrador Retrievers ist es freilich, wenn er neue Situationen allein meistert. Greifen Sie deshalb nie zu früh ein, sondern lassen Sie ihn eigene Anstrengungen zur Bewältigung seines Problems unternehmen.

Alleinbleiben

Bereits in den ersten Wochen im neuen Heim sollten Sie ganz behutsam damit anfangen, Ihren Welpen für einige Minuten allein in einem vertrauten Raum zurückzulassen. Beginnen Sie mit dem Üben dann, wenn er vom Fressen oder Spazierengehen müde geworden ist und sich an seinen Schlafplatz zurückgezogen hat. Geben Sie ihm genügend Spiel- und Nageutensilien, damit er sich ausreichend beschäftigen kann, während Sie fort sind.

Beim Weggehen sind weder große Abschiedszeremonien angesagt, noch sollten Sie versuchen, Ihren Kleinen zu überlisten, indem Sie sich heimlich davonstehlen.

Loben Sie Ihren Labrador beim Zurückkehren sehr, wenn er sich brav verhalten hat. Hat er jedoch etwas angestellt, ignorieren Sie es (auch wenn es Ihnen nicht leicht fällt), und verlassen Sie den Raum gleich wieder. Wiederholen Sie dieses Vorgehen so lange, bis Sie mit seinem Verhalten zufrieden waren. Jetzt ist ein großes Lob angesagt. Vielleicht spielen Sie auch eine Weile mit Ihrem Kleinen. So kann er verstehen lernen, dass Sie nur dann bei ihm bleiben und sich ihm zuwenden, wenn er sich während Ihrer Abwesenheit ruhig verhalten hat. Gewöhnen Sie ihn allmählich an längere Zeiten des Alleinseins.

Er gilt als leichtführig; dennoch braucht der Labrador Retriever vom allererersten Tag an eine liebevolle, aber konsequente Erziehung, denn auch bei ihm erledigt sich (allen unrealistischen Vermutungen und grob fahrlässigen falschen Versprechungen zum Trotz) NICHTS von selbst!

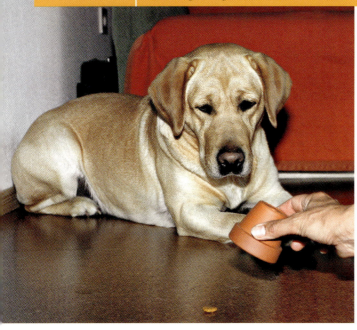

Spiel und Lernen in einem: Während Sie vor seinen Augen einen duftenden Keks unter dem Blumentöpfchen verschwinden lassen, muss Ihr Labi aufmerksam beobachten und ruhig liegen bleiben ...

Rangordnung

Angepasstes Verhalten kann der Labrador Retriever nur zeigen, wenn er gelernt hat, sicher und gelassen mit seiner Umwelt umzugehen. Zu seiner Umwelt gehört vor allem und in erster Linie sein engster Familienverband. Folglich heißt es auch hier, dem Welpen genügend Sicherheit zu vermitteln, und zwar durch konsequente Spielregeln und absolut klare Rangordnungsverhältnisse.

Grenzen kennenlernen
Bei allem, was Sie gemeinsam mit Ihrem Hund unternehmen, müssen Sie ihm seinen Platz im sozialen Gefüge klarmachen und ihm die Chance geben, seine Grenzen – die er nicht überschreiten darf – kennenzulernen. Von allen Zweibeinern, die mit dem kleinen Labrador umgehen, wird äußerste Konsequenz verlangt. Denn der Welpe darf nicht verunsichert werden, z. B. dadurch, dass ihm Frauchen verbietet, auf das Sofa zu springen, Herrchen und die Kinder es jedoch erlauben.

Regeln spielerisch vermitteln
Gerade spielerisch lässt sich unendlich viel üben, was dem jungen Hund gleichzeitig auch die Rangordnungsverhältnisse in seinem neuen Rudel vor Augen führt. So können Sie ihm täglich sanft das Fell bürsten, seine Ohren und Zähne kontrollieren und ihn dabei ganz vorsichtig auf den Rücken drehen. Auch seinen Kauknochen oder sein Lieblingsspielzeug sollten Sie Ihrem Hund ab und zu einmal behutsam aus dem Fang nehmen und gelegentlich seinen noch gefüllten Futternapf für kurze Zeit beiseite stellen. Achten Sie unbedingt darauf, dass schon der niedliche Labi-Welpe derartige Maßnahmen jederzeit duldet!

Zappelt und fiept Ihr Kleiner, während Sie ihn auf dem Arm halten, setzen Sie ihn nicht sofort auf den Boden hinunter, sondern warten Sie damit, bis er sich für einen Moment ruhig verhält. Ansonsten belohnen Sie Ihren Hund nämlich für seine Unruhe und bestärken ihn in der Ansicht, auf diese Weise seinen „Willen" durchsetzen zu können.

Rangordnung 83

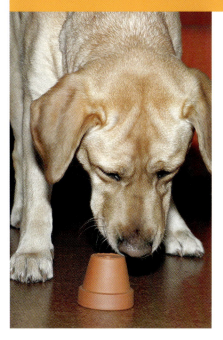

... erst auf Ihr Signal hin darf er sich erheben, schnuppern gehen und versuchen, das Töpfchen umzukippen, um an den leckeren Happen zu gelangen.

Beißhemmung

Der Welpe muss in diesen ersten Wochen auch die Beißhemmung erlernen. Deshalb müssen Sie ihm jetzt nachdrücklich klarmachen, dass er mit Menschen noch sanfter umzugehen hat als mit seinen vierbeinigen Artgenossen. Fiepen Sie jedes Mal jämmerlich, wenn Ihr Kleiner zu grob wird, und wenden Sie sich abrupt von ihm ab. Beim Spiel mit einem Spielzeug verschwindet in solch einem Augenblick auch dieses sofort. Erst nach einer Weile fordern Sie Ihren Welpen dann erneut zur gemeinsamen Interaktion auf. Schon bald wird er begriffen haben, wie weit er gehen kann, damit das gemeinsame Spiel nicht ständig unterbrochen wird.

Sie sind der Chef

Lassen Sie sich auch nicht von jedem Pföteln oder Nasenstupsen Ihres Labradors zu einem Spielchen auffordern, sondern legen Sie den Beginn und das Ende eines gemeinsamen Spieles fest. So erinnern Sie Ihren Kleinen erneut an die Rangordnung.

Wenn Sie gerade kein Spiel mit Ihrem Vierbeiner wünschen, brechen Sie einfach den Blickkontakt zu ihm ab. Er wird sofort verstehen, dass Sie sich jetzt nicht mit ihm beschäftigen möchten. Würden Sie Ihren Hund weiterhin anschauen, während Sie ihm mündlich klarzumachen versuchen, dass Sie jetzt gerade nicht mit ihm spielen wollen, würde er nur noch beharrlicher fordern. Warum? Zuwendung wirkt verstärkend auf die einzelnen Verhaltensmuster des Hundes, in diesem Fall auf seine Spielaufforderung.

Tipp | Zauberkasten

Viele Labrador-Halter besitzen eine kleine Spielekiste mit den unterschiedlichsten Utensilien zum Beknabbern oder Zerreißen für ihren Vierbeiner. Diese Kiste wird für den Hund unzugänglich aufbewahrt und kommt erst dann zum Einsatz, wenn Frauchen oder Herrchen die Erlaubnis dazu geben. Soll der Hund z. B. für einige Minuten allein zu Hause bleiben, wird die Truhe aufgeklappt und dem Welpen damit klargemacht, dass er sich nun nach Lust und Laune daraus bedienen kann. So ist er für die Zeit der Trennung genügend abgelenkt und „vergreift" sich nicht etwa am Mobiliar.

Erziehung leicht gemacht

Erfahren, was erlaubt ist: Die Welpen möchten beim Spiel der Erwachsenen mitmischen ...

Vertrauensvoller Umgang

So bedeutend die Einhaltung der Rangordnung und anderer Spielregeln ist, so wichtig ist es auch zu erreichen, dass der Hund dabei freudig handelt und sich ohne Zwang in die Gemeinschaft eingliedert. Denn nur wenn Sie Ihrem Hund die Chance geben, eine vertrauensvolle Bindung aufzubauen und voller Begeisterung mit Ihnen zusammenzuarbeiten, können Sie Ihr Ziel einer harmonischen Partnerschaft auch erreichen. Das erfordert von einem Zweibeiner natürlich eine nicht zu unterschätzende Portion an Selbstdisziplin und Rücksichtnahme.

Info | Meinem Hund zuliebe

Zur Erziehung meines Labrador Retrievers werde ich niemals körperliche Einwirkungen einsetzen, die ihm Schmerzen bereiten könnten.
Ich werde mich stattdessen stets bemühen, meinen Hund angstfrei und auf der Basis von Vertrauen zu erziehen und auszubilden.
Außerdem werde ich dabei Methoden einsetzen, die seiner Lernfähigkeit angepasst sind, so z. B. das Prinzip der positiven Handlungsbestärkung.
Darüber hinaus werde ich mich bemühen, die arteigenen Verhaltensweisen meines Vierbeiners, seine Körpergesten und seine Mimik kennenzulernen und richtig zu interpretieren.
Und ich werde immer bestrebt sein, mich eindeutig und konsequent zu verhalten und meine Ausdrucksmöglichkeiten seinem Auffassungsvermögen anzupassen.

Angemessen reagieren

Dennoch kann es hie und da zu Situationen kommen, in denen Sie Ihren jungen Labrador reglementieren müssen, so möglicherweise im Verlauf seiner Pubertät. Höchstwahrscheinlich wird auch Ihr Vierbeiner die erzieherischen Fähigkeiten seiner zweibeinigen Begleiter während dieses Lebensabschnittes hart auf die Probe stellen. Dann heißt es unbedingt, Selbstbeherrschung zu üben und angemessen zu reagieren.

Zeigt sich Ihr Retriever einmal wirklich äußerst widerborstig, können Sie ihm mit der Hand von oben für einen kurzen Moment fest über den Fang greifen. Oder Sie drücken ihn mit der offenen Hand schnell und energisch im Nackenbereich zu Boden – aber bitte wirklich nur für eine Sekunde! Ihn dabei keinesfalls schütteln, auf den Rücken werfen oder länger niedergedrückt festhalten. Das schadet der Vertrauensbasis nachhaltig.

Lachen Sie nicht: Auch „Knurren" wäre eine Möglichkeit der Züchtigung. Denn mit allen diesen Gesten und Verhaltensweisen imitieren Sie die Drohgebärden eines dominanten Hundes. Die Folge: Ihr Labrador wird Ihre Mitteilung sofort verstehen.

Völlig unverständlich wird ihm dagegen sein, wenn Sie ihn mit Schlägen,

Vertrauensvoller Umgang

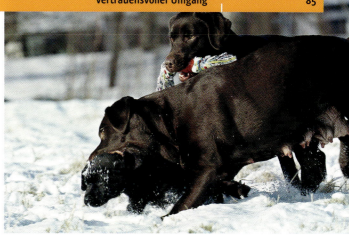

z. B. mit einer zusammengerollten Zeitung, traktieren, seine Nase in sein feuchtes Missgeschick stoßen oder ihn z. B. wegen eines zernagten Schuhes lange Zeit nach der Tat für Stunden in den Keller sperren.

Freundschaftliche Interaktion
Freude soll das Zusammenleben machen – Ihnen und Ihrem Hund. Was deshalb nicht nur beim Welpen und Junghund, sondern auch beim erwachsenen Labrador Retriever im Mittelpunkt aller Aktivitäten stehen sollte, ist das Spiel! Spielen ermöglicht Ihrem Hund die Aufnahme sozialer Kontakte und den Austausch von Körpersignalen – mit anderen Hunden wie mit Menschen. Außerdem steigert Spielen das psychische Wohlbefinden, und es fördert die geistige Kondition. Also, kreieren Sie die unterschiedlichsten Spiele, die Sie und Ihre Familie zusammen mit dem Hund durchführen können! Wie wäre es z. B. mit Suchspielen? Fordern Sie ihn heraus, und Sie werden erstaunt sein, wozu Ihr Labrador fähig ist. Suchspiele eignen sich übrigens ausgezeichnet auch zur Beschäftigung des alten Hundes. (Mein spezieller Literaturtipp hierzu: Mit Hunden spielen; siehe S. 124.)

... Muttern aber möchte das nicht, und zeigt ihrem Spross unmissverständlich, dass seine Annäherung jetzt unerwünscht ist.

Dauerhaft frustriert und nachhaltig verunsichert? Bestimmt nicht. Der kleine Labi lernt auf diese Weise Grenzen kennen, die er künftig nicht mehr überschreiten darf. So entsteht für ihn ein sicherer „Rahmen", in dem er sich frei entfalten kann.

Gerade zwei Monate alt, und das kann er schon – einfach spielerisch. Interessiert betrachtet der Zwerg (während er zufällig sitzt) die Hand des Menschen. Dafür wird er sofort mit einem Leckerchen belohnt.

Das kleine Einmaleins der Hundeerziehung

Für Ihren jungen Labrador Retriever ist es am besten verständlich, wenn Sie für Ihre Anweisungen immer und immer wieder dieselben Worte verwenden, in derselben Tonlage, mit derselben Mimik und denselben Handzeichen. Worte mit ein bis zwei Silben und sehr kurze Sätze sind für ihn am einprägsamsten.

Das Signal NEIN können Sie z. B. durch NO ersetzen, SITZ durch SIT, SETZEN o. Ä., PLATZ durch DOWN, NIEDER etc. Wichtig ist nur, dass Sie den einmal gewählten Begriff stets beibehalten und Ihren Vierbeiner nicht durch ständiges Wechseln der Ausdrücke verunsichern.

Überlegen Sie sich deshalb bereits vor der Ankunft Ihres Hundes, welche Signale er erlernen soll und welche Begriffe Sie in welchem Zusammenhang einsetzen möchten.

Hinsetzen

Wollen Sie Ihrem Labrador das Hörzeichen SITZ beibringen, ist es am günstigsten, wenn Sie folgendermaßen vorgehen:

Sie stellen sich mit dem gefüllten Futternapf, einem Leckerli oder seinem Lieblingsspielzeug in Ihrer linken Hand dicht vor Ihren Hund. Er wird vielleicht an Ihnen hochzuspringen versuchen. Ignorieren Sie es. Irgendwann wird er sich von allein setzen, und dann müssen Sie blitzschnell reagieren. Sagen Sie SITZ, und geben Sie gleichzeitig das Sichtzeichen für dieses Signal (erhobener rechter Zeigefinger). Gleich darauf loben Sie Ihren kleinen Hund für sein Verhalten. Stellen Sie ihm den Futternapf hinunter und fordern ihn zum Fressen auf, oder überlassen Sie ihm das Spielzeug und schicken ihn zum Spielen.

Die Erziehung zum Vorsitzen hat übrigens einen positiven Nebeneffekt: Die Geste des Mundwinkelleckens und das damit verbundene Hochspringen am Menschen kann so schnell unterbunden werden. Wenn Sie demnach das „Anspringen" ignorieren – also den Hund weder anschauen noch mit ihm reden –, den Welpen aber sofort belohnen, sobald er sich nach einigen vergeblichen Versuchen von selbst hinsetzt, haben Sie dieses Problem rasch aus der Welt geschafft. Wie immer gilt aber auch hier:

Äußerste Konsequenz und einheitliches Vorgehen aller Zweibeiner sind dazu nötig. Doch der Einsatz lohnt sich.

Das kleine Einmaleins der Hundeerziehung 87

Wer so aufmerksam und eifrig bei der Sache ist, wird mit Vergnügen immer mehr dazu lernen. Mit einem Leckerli zwischen Daumen und Zeigefinger geklemmt wird der Welpe in die Platzposition gelockt.

Unten: Bravo kleines Bärchen! Jetzt ist gemeinsames Spielen angesagt!

Hinlegen

Bis Sie Ihren Retriever in der Stadt vor einem Lebensmittelgeschäft im Platz ablegen können, wird noch einige Zeit vergehen. Mit dem Üben sollten Sie aber bereits im Welpenalter beginnen. Wie immer können Sie Ihren Hund mit der positiven Bekräftigung seiner Handlung an das Signal und die gewünschte Handlungsfolge gewöhnen.

Legt sich der Welpe von selbst hin, erteilen Sie das Signal PLATZ und geben das dazugehörige Handzeichen (Handfläche horizontal zum Boden halten). Anschließend loben Sie ihn. Tun Sie dies aber bitte nur seinem Temperament entsprechend. Denn fällt das Lob zu heftig aus, steht Ihr Labrador mit Sicherheit gleich wieder auf.

Sie können das Abliegen auch ganz behutsam herbeiführen, indem Sie dem Welpen ein Leckerli vor die Nase halten und dieses, in der flachen Hand versteckt, dicht am Boden entlangführen. Der Hund wird sich automatisch hinlegen, um es zu erreichen. Jetzt folgt das Signal PLATZ mit anschließendem Lob.

Mit dem Labrador zu arbeiten ist eine Freude. Hat er einmal verstanden, worauf es ankommt, holt er sein geliebtes Dummy ein Dutzend Mal – oder so oft eben, bis der Fotograf das Prozedere endlich „im Kasten" hat.

Die Retrieverpfeife

Da man Retriever bei der Arbeit im Jagdrevier auch über weite Distanzen steuernd beeinflussen muss, sind Stimme und Sichtzeichen als Signal oft nicht ausreichend. Deshalb wird zusätzlich die Hundepfeife verwendet. Selbst wenn Sie mit Ihrem Labrador nicht jagdlich arbeiten möchten, sollten Sie ihn an die üblichen Pfeifensignale gewöhnen (siehe S. 89). Denn der Einsatz einer Hundepfeife kann auch im Alltag von großem Nutzen sein. Machen Sie Ihren Vierbeiner zunächst mit dem gedehnten Ton: Tüüüüt (bei doppelseitigen Modellen auf der schmalen Seite der Pfeife) als Sitzsignal vertraut. Gehen Sie dabei genauso vor wie oben für die Stimme beschrieben. Parallel dazu sollten Sie wieder das Sichtzeichen einsetzen.

Wenn Ihr Labrador später gleichermaßen korrekt auf Sicht- wie auf Hörzeichen reagiert, stehen Ihnen zahlreiche Ausbildungsgänge offen, in denen Sie Ihren Vierbeiner lediglich über Körpersprache bzw. Handzeichen lenken dürfen (z. B. Obedience) oder in denen er, wie beispielsweise bei einem Dummytraining, ganz bestimmten Pfiff-Folgen und Handzeichen entsprechend, agieren muss.

Herankommen

Ein weiteres wichtiges Signal, das Heranrufen mit anschließendem Vorsitzen, kann ebenfalls mit Sichtzeichen (rechten Arm anheben und zum rechten Oberschenkel führen), Stimme (gedehntes HIIIER) sowie Pfeife (Tütüt) gegeben werden. Beginnen Sie mit dem Üben bereits in den ersten Tagen:

Eine Hilfsperson sollte den Welpen festhalten, sodass er Ihnen nicht nachfolgen kann, wenn Sie jetzt vor seinen Augen mit dem Futternapf verschwinden. Er wird Ihnen interessiert hinterherblicken. Rufen Sie Ihren Kleinen freundlich auffordernd mit HIIIER, oder pfeifen Sie zweimal kurz auf der Retriever-Pfeife. Kann Sie der Welpe dabei noch sehen, können Sie parallel zum Hör- das Sichtzeichen geben.

Wenn Ihr Retriever begeistert auf Sie zugelaufen kommt, loben Sie ihn bereits beim Herankommen tüchtig, ohne jedoch das Signal zu wiederholen. Halten Sie den Futternapf vor Ihrem Körper hoch. Ihr Welpe kennt das ja schon und wird sich vor Ihnen setzen. Loben Sie ihn gebührend und reichen Sie ihm den Napf hinunter.

Signale auf einen Blick

Vom Hund gewünschte Handlung	Hörzeichen		Sichtzeichen
	Stimme	Pfeife	
Aufmerksam sein	Name des Hundes (stets freundlich)	–	–
Blickkontakt zum Halter aufnehmen	GUCK (freundlich, auffordernd)	–	–
Absitzen	SITZ (bestimmt, kurz)	Tüüüüt	Rechter Zeigefinger ist erhoben (auf große Entfernung wird zusätzlich der rechte Arm angehoben).
Links vom Hundehalter gehen	FUSS (aufmunternd)	–	Linke Hand klopft (einmal) an linken Oberschenkel.
Herankommen, im Sinne von Aufrücken	KOMM (freundlich, lockend)	–	–
Herankommen und vor dem Hundehalter absitzen	HIER (bestimmt, gedehnt)	Tüt-tüt	Rechter Arm wird angehoben und zum rechten Oberschenkel oder an den Oberkörper geführt.
Abliegen	PLATZ (bestimmt, kurz)	Triller nur im Notfall!	Rechter Arm wird abgesenkt und Handfläche horizontal zum Boden gehalten.
Aufsitzen aus der Platz-Stellung	SITZ (kurz, bestimmt)	ohne Pfiff!	Rechte Hand mit gestrecktem Zeigefinger macht Aufwärtsbewegung.
Gegenstand holen und zum Hundehalter bringen	APPORT (anspornend)	–	Linker bzw. rechter Arm wird in die Richtung bewegt, aus welcher der Gegenstand geholt werden soll.
Ausgeben eines Gegenstandes aus dem Fang	GIB AUS (freundlich)	–	–
Freie Bewegung	LAUF, LAUF (auffordernd)	–	–
Zum Ruhen hinlegen	GEH SCHLAFEN	–	–
Ruhig sein	STILL	–	Zeigefinger wird auf die geschlossenen Lippen gelegt.
Etwas beenden	SCHLUSS	–	–

Hörzeichen KOMM

Dieses Hörzeichen unterscheidet sich vom Signal HIER dadurch, dass der Hund nur zu Ihnen herankommen, sich aber nicht vor Ihnen setzen muss. Sie können es im Garten oder auf Ihren kurzen Spaziergängen leicht einüben. Weil der Welpe in diesem frühen Lebensalter immer darauf bedacht ist, Sie ja nicht zu verlieren, sollten Sie keine Gelegenheit ungenutzt verstreichen lassen, sondern ihn immer dann, wenn er gerade auf Sie zugelaufen kommt, mit dem Hörzeichen KOMM freundlich anlocken und sofort loben.

Tipp | Belohnung

Gerade für das Herankommen sollten Sie Ihrem jungen Labrador stets ein Leckerchen geben. Ist der Hund sechs bis neun Monate alt, reduzieren Sie die Belohnungshappen allmählich. Um die Sache spannend zu machen, ist es ratsam, auch für den bereits erwachsenen Hund, der auf Ihr Signal prompt herbeieilt, dann und wann einen Leckerbissen bereitzuhalten.

Der Welpe kommt nicht

Hat sich Ihr Labrador-Welpe bei einem Spaziergang doch einmal zu weit von Ihnen entfernt und reagiert auf Herbeirufen nicht, laufen Sie ihm niemals hinterher! Er würde das möglicherweise als Spielaufforderung auffassen und sich noch weiter entfernen. Machen Sie stattdessen kehrt, und gehen Sie in die entgegengesetzte Richtung davon, oder machen Sie sich klein, indem Sie in die Hocke gehen. Für den Welpen entsteht so der Eindruck einer vergrößerten Distanz. Aufgrund seines angeborenen Nachfolgetriebes wird er Ihnen jetzt sofort nacheilen. Kommt er auf Sie zuge-

laufen, locken Sie ihn wieder anspornend mit KOMM und loben ihn. So lernt Ihr Welpe mit Sicherheit, gern zu Ihnen zu kommen.

Niemals, auch wenn Sie sich noch so sehr über sein Verhalten geärgert haben, dürfen Sie Ihrem Labrador mit Strafe drohen, wenn er auf Sie zugelaufen kommt, oder ihn bestrafen, nachdem er zu Ihnen zurückgekommen ist. Er würde Ihre Drohgebärden bzw. Strafen nicht mit der vorangegangenen „Untat" in Verbindung bringen, sondern er könnte vielmehr glauben, dass Sie ihm drohen oder ihn bestrafen, weil er mit Ihnen freundlichen Kontakt aufnehmen wollte. Dann besteht sogar die Gefahr, dass er nur noch zögernd oder überhaupt nicht mehr auf Herbeirufen zu Ihnen kommt, weil er fürchtet, bestraft zu werden. Und das wäre fatal, wenn man bedenkt, welche Einschränkungen das für sein weiteres Leben zur Folge haben würde: kein Gassigang ohne Leine, kein ungestümes Umhertollen mehr, weil Sie keinerlei Möglichkeiten hätten, ihn z. B. vor Wild, Joggern und anderen Hunden zurückzurufen.

Leinenführigkeit

Sie wissen bereits, wie wichtig frühe positive Erfahrungen für den Welpen sind, so z. B. der Stadtgang. Wenn Sie Ihren Kleinen dabei aber nicht an der Leine unter Kontrolle halten, können solche Unternehmungen sehr gefährlich für ihn enden. Das macht deutlich, weshalb auf dem Lehrplan Ihres Labrador Retrievers so früh wie möglich auch die Leinenführigkeit stehen muss.

Gewöhnen Sie Ihren Welpen bereits in den ersten Tagen an sein Halsband. Nach ein paar Tagen können Sie zusätzlich die Leine anklicken und diese von ihm durchs Zimmer schleifen lassen. Läuft Ihr Kleiner so ausgerüstet zufällig links neben Ihnen her, nutzen Sie die Gelegenheit und sagen sehr freundlich FUSS. Loben Sie ihn ausgiebig, denn er befolgt Ihr Signal. Weil er Ihre Freude spürt, wird er begeistert neben Ihnen weiterlaufen.

Nach einigen Tagen solcher Vorübungen begeben Sie sich gezielt auf die rechte Seite Ihres Welpen, heben die Leine vom Boden auf und nehmen diese in Ihre rechte Hand. Jetzt sind Sie perfekt in der Ausgangsstellung für die Leinenführigkeitsübung. Wenn Sie nun das Signal FUSS erteilen, wird Ihr Welpe genau wissen, was auf ihn zukommt. Ihre gezielten, ruhigen Bewegungen werden ihm Bestimmtheit und Gelassenheit signalisieren, und er wird sich vertrauensvoll anschließen und an Ihrer Seite mitlaufen.

Üben Sie von nun an täglich, erst im Haus, dann im Garten, zunächst aber nicht länger als jeweils eine halbe Minute. Achten Sie darauf, dass die Leine immer locker durchhängt, und zerren Sie Ihren Welpen niemals vorwärts, sondern locken Sie ihn mit einem Belohnungshappen oder Fingerschnalzen, wenn er keine Lust mehr zum Weiterlaufen hat. Will er vorpreschen, ziehen Sie ihn nicht an der Leine zu sich heran, sondern korrigieren Sie sein Verhalten, indem Sie ihn immer wieder durch Locken, durch einen abrupten Richtungswechsel oder einfach durch plötzliches Stoppen auf sich aufmerksam machen.

Gehen Sie beim Fuß-Training nicht zu langsam, damit Ihr Kleiner keine Zeit zum Schnuppern oder für andere Ablenkungen findet. Kurze, abwechslungsreiche Übungseinheiten mit vielen Winkeln und später auch Kehrtwendungen sind für den Kleinen viel spannender und erhalten seine Aufmerksamkeit und Lernbereitschaft besser als stundenlanges monotones „Geradeausgehen". Außerdem verführt uninteressantes „An-der-Leine-Gehen" einen Vierbeiner oftmals erst zu einem Fehlverhalten wie Zerren oder Zurückbleiben, welches ihm anschließend mit viel Einsatz wieder abgewöhnt werden muss.

Blickkontakt ist das A und O für den Erfolg einer Übung. Denn nur wer konzentriert ist, kann Signale erkennen und befolgen.

Der Trend geht zum Geschirr als „Halsung" für den Welpen. Wichtig sind hierbei gute Verarbeitung und Passgenauigkeit. Wenn's scheuert und reibt, macht Gassigehen nämlich keinen Spaß.

Bei solchen spritzigen, nur wenige Schritte dauernden „Fuß-Übungen" sollte der Hund Ihre Signale dann aber unbedingt korrekt befolgen. Und wie immer: Das Loben nicht vergessen! Anschließend ist wieder Freilauf ohne Leine angesagt. Dass Sie dazu unbedingt Gebiete aufsuchen müssen, in denen Ihr Labrador ungefährdet umhertoben kann, braucht eigentlich nicht erwähnt zu werden. Wenn Sie dann mit Ihrem Kleinen in die Stadt gehen und ihn dabei an der Leine führen, denken Sie bitte daran, dass er sich zunächst nur für sehr kurze Zeit auf diese Aufgabe konzentrieren kann. Überfordern Sie ihn auf keinen Fall – tragen Sie ihn lieber ab und zu ein Stückchen!

Flexileine

Der kurzzeitige Einsatz einer flexiblen Aufrollleine, z. B. in einem Naturschutzgebiet, ist entweder erst dann empfehlenswert, wenn Ihr Kleiner die Leinenführigkeit sicher beherrscht (weil er sich sonst womöglich leichtes stetiges Voranziehen „am Halsband" angewöhnt), oder, wenn Sie ihm statt des Halsbandes ein Brustgeschirr angelegt haben, bei welchem es für den Hund nicht mehr heißt, dicht an Ihrer Seite zu gehen, sondern ab und zu etwas zügiger vorauslaufen zu dürfen.

Übungen gestalten

Regelmäßiges Üben, am besten mehrmals am Tag und in unterschiedlichster Umgebung, steigert die Aufmerksamkeit des Hundes und fördert seine Gedächtnis- und somit Lernleistungen. Mit dem Welpen wird zunächst im Haus und ohne Ablenkung wie laute Musik oder umherstürmende Kinder geübt. Erst anschließend geht es nach draußen zum Trainieren. Und auch dort gilt es darauf zu achten, dass der junge Labrador nicht zu stark abgelenkt wird – weder durch fremde Gerüche noch durch andere Hunde. Die einzelnen Übungsphasen dürfen auch nicht zu lange dauern und sollten anfangs zwei bis fünf Minuten nicht übersteigen.

Außerdem sollten Sie niemals mit dem Üben beginnen, wenn Sie eigentlich keine Lust dazu verspüren, oder wenn Sie nervös und ärgerlich sind. Ihr Labrador Retriever hat ein exzellentes Gespür für Ihre Gefühle, und die gemeinsamen Übungen würden mit Sicherheit misslingen. Trainieren Sie deshalb nur dann, wenn Sie gut gelaunt und ausgeglichen sind und sich in der Lage fühlen, Signale auch ruhig und gelassen durchzusetzen! Nur dann haben die Übungen Aussicht auf Erfolg.

Tipp | Signale aufheben

Vergessen Sie nicht, Ihren Retriever aus einem Signal auch wieder zu entlassen und ihn mit einem freundlichen LAUF o. Ä. zum Spielen zu schicken beziehungsweise das nächste Signal zu erteilen. Nur so können Sie sicherstellen, dass er Ihren Anordnungen stets so lange Folge leistet, bis Sie ihn zu etwas anderem auffordern.

Mit dem Dummytraining kann man nicht früh genug beginnen, vor allem, weil so ein kleiner Labiwelpe meist ohnehin alles Mögliche spielerisch umherschleppt.

Motivation und Aufmerksamkeit

Obwohl Labrador Retriever begeisterte „Arbeiter" sind, beginnen sie doch rasch, sich zu langweilen. Sie tun dies vor allem dann, wenn bestimmte Übungen sehr häufig hintereinander wiederholt werden. Gestalten Sie Ihr Training deshalb möglichst abwechslungsreich und wählen Sie nicht jedes Mal denselben Übungsablauf.

Für ein erfolgreiches Training ist neben ausreichender Motivation aber gerade die Aufmerksamkeit beim Menschen wie auch beim Hund eine entscheidende Voraussetzung. Aus diesem Grund sollten Sie Ihren Vierbeiner zunächst z. B. durch Rufen seines Namens oder eines anderen Schlüsselwortes wie beispielsweise GUCK auf sich aufmerksam machen und zum Blickkontakt animieren. Dann erst erteilen Sie Ihr Signal durch Sicht- und/oder Hörzeichen.

Als Vorübung können Sie durchaus auch über die positive Handlungsbekräftigung das „Anschauen" fördern: Belohnen Sie Ihren Welpen immer dann, wenn er Sie zufällig oder nach Rufen seines Namens anschaut. Manchmal hilft es auch, ein Leckerchen auf Augenhöhe zu halten, um den Vierbeiner zum gegenseitigen Augenkontakt zu veranlassen.

Erfolgserlebnisse

Um den Spaß am gemeinsamen Arbeiten zu erhalten und zu fördern, muss Lernen mit Erfolgserlebnissen verbunden sein. Beenden Sie das Arbeiten mit Ihrem Labrador deshalb immer mit einer Übung, die er bereits beherrscht, und loben Sie ihn gebührend dafür! Wenn Sie darüber hinaus noch daran denken, nach jedem Training ausgelassen mit Ihrem Labi zu spielen und zu toben, dann wird er das gemeinsame Arbeiten sicher in guter Erinnerung behalten und auch das nächste Mal wieder mit Freude dabei sein. Machen Sie sich zum Clown, dann wird er schnell in Ihre Nähe kommen.

Als Bestätigung für famose Leistungen gibt es sofort ein Lob und ein Leckerchen. So kapiert der Labi schnell, dass man sein Tun befürwortet.

Ob beim Dummytraining, bei Gehorsamsübungen oder Hundebegegnungen: Damit erst gar keine Reglementierungen nötig werden, wird der Labi zunächst mit einer locker um seinen Hals gelegten Leine abgesichert, und wenn es dann wirklich soweit ist, losgeschickt.

Befolgen von Signalen

Hat Ihr Welpe Signal und Handlungsablauf miteinander verknüpft, können Sie damit beginnen, deren Ausführung auf Anordnung hin zu verlangen. Nur beim sehr jungen Labrador-Welpen dürfen Sie im Ausnahmefall das Signal einmal mit sehr tiefer Stimme wiederholen. Ansonsten machen Sie sich zur Regel, Signale nur ein einziges Mal zu erteilen. Bestehen Sie ohne jede Ausnahme darauf, dass der Hund Ihre Anordnung befolgt und die gewünschte Handlung korrekt ausführt. Halten Sie ihn deshalb beim Üben zunächst an der Leine unter Kontrolle. Denn hat Ihr Retriever erst einmal erkannt, dass man sich Signalen durch Missachtung oder gar Davonlaufen entziehen kann, wird er auch später Ihre Anweisungen weniger bereitwillig befolgen, wenn ihm gerade nach Spielen oder anderen „Taten" der Sinn steht.

Zeit lassen zum Verstehenlernen

Aber haben Sie Geduld mit Ihrem jungen Hund, und lassen Sie ihm genügend Zeit, die Handlungsfolge auch auszuführen! Erst mit einiger Übung wird er beispielsweise auf das Signal PLATZ sofort niederliegen bzw. aus der Platzstellung auf das Signal SITZ unverzüglich aufsitzen.

Um seine Reaktion zu beschleunigen, machen Sie jetzt bitte nicht den Fehler und bringen Ihren Labrador in die Platzhaltung, indem Sie ihm die Vorderbeine unter dem Körper nach vorn ziehen, bzw. in die Sitzstellung, indem Sie ihn am Halsband hochreißen. Der Lernprozess wird durch solche Maßnahmen keineswegs gefördert. Im Gegenteil: Der Junghund wird die Übungen niemals freudig, sondern immer unter Anspannung absolvieren. Und das kann dazu führen, dass er als erwachsener Hund weniger zuverlässig auf Ihre Anordnungen reagiert.

Korrekturen

Hat Ihr Labrador die Bedeutung eines Signals mit Sicherheit richtig verstanden und konnte er diese durch häufiges Üben auch genügend verinnerlichen, sträubt sich nun aber hartnäckig dagegen, Ihre deutlich und unmissverständlich erteilte Anordnung zu befolgen, dann müssen Sie ihn korrigieren. Tun Sie dies aber bitte nicht dadurch, dass Sie das Signal mehrfach oder mit lauter, aufgeregter und zunehmend schriller Stimme wiederholen, sondern indem Sie die Anordnung ein einziges Mal ruhig und gelassen wiederholen, gleichzeitig aber eine Korrektur setzen.

Befolgt Ihr Hund das Signal SITZ nicht, nehmen Sie seine Leine sehr kurz und halten diese straff und so dicht vor seinem Kopf nach oben, dass er sich einfach hinsetzen muss. Widersetzt er sich Ihrem PLATZ-Signal, ist es günstig, seine Leine so nahe wie möglich am Halsband zu fixieren, z. B. indem Sie diese fest auf den Boden drücken bzw. sich mit dem Fuß daraufstellen. Um dieser unangenehmen Körperhaltung zu entgehen, hat der Vierbeiner dann keine andere Möglichkeit, als sich hinzulegen.

Wie leicht zu erkennen ist, haben Sie durch derartige Korrekturen seines Fehlverhaltens die Chance, Ihren Hund dazu zu veranlassen, die geforderte Körperhaltung schließlich von selbst, also aktiv einzunehmen und damit Ihre Anordnung doch noch zu befolgen.

Ihre Rangstellung haben Sie dabei sicherlich wesentlich erfolgreicher behauptet als durch einen massiven körperlichen Einfluss auf Ihren Vierbeiner. Als Beispiele seien hier nur das „Hinterteil-auf-den-Boden-Pressen" oder das häufig praktizierte „Vorderläufe-nach-vorn-Reißen" erwähnt. Denn dabei wäre der Hund lediglich passiv in die entsprechende Position gebracht bzw. „gezwungen" worden.

Tipp Korrekturen

Leider werden Reglementierungen meist in einem sehr frühen Stadium der Erziehung eines Hundes und/oder viel zu intensiv vorgenommen. Sehr oft widersetzt sich ein Hund den Anordnungen seines Menschen nämlich überhaupt nicht, sondern er hat einfach noch gar nicht verstanden, was dieser eigentlich von ihm erwartet. Dann heißt es, Nachsicht zu üben und nochmals einen Übungsschritt zurückzugehen, um dort erneut zu beginnen.

Auch der „traditionelle Leinenruck" bei Nichtbefolgen des Signals FUSS sollte vermieden werden. Besser ist es hier, den Retriever durch zügiges Voranschreiten, abrupte Kehrtwendungen und durch konsequentes Ignorieren zu „strafen", und zwar so lange, bis er sich wieder an seinen zweibeinigen Begleiter erinnert und Blickkontakt sucht. Dann wird er kräftig gelobt und ein neuer Fuß-Versuch gestartet. Hat Ihr Labi einmal einen schlechten Tag, und es will nichts gelingen, lassen Sie ihn nach zwei halbwegs ordentlichen Schritten frei und spielen Sie kurz mit ihm.

Freizeitpartner Labrador Retriever

Energiebündel auf vier Pfoten

Außergewöhnlich menschenbezogen ist dieser Hund, anpassungsfähig, ausgeglichen und verlässlich (im Umgang mit Menschen ebenso wie z. B. mit Artgenossen), zudem äußerst begeisterungsfähig, spiel-, bewegungs- und arbeitsfreudig: der ideale Begleiter auf Schritt und Tritt. Mit einem Labi können Sie eigentlich alles gemeinsam anpacken und unternehmen. Tun Sie es möglichst oft, und wann immer Ihnen und Ihrem Hund danach zumute ist.

Bereits als Welpe ist der Labrador Retriever ausgesprochen bewegungsfreudig. Gerade in diesem Lebensalter kann aber zu ausgiebige Bewegung die gesunde Entwicklung seines Skelettapparates erheblich gefährden. Der kleine Welpe kennt derartige Konsequenzen seines Handelns natürlich nicht. Überwältigt von den vielfältigen interessanten Umwelteindrücken – und auch, um Ihnen zu gefallen –, würde er bis zur völligen Erschöpfung mit Ihnen tapsen. Deshalb liegt es jetzt an Ihnen, ihn von allzu strapaziösen Unternehmungen abzuhalten. Bei den quirligen, temperamentvollen Labis, die vor Tatendrang geradezu strotzen, ein nicht immer leichtes Unterfangen.

Ein Labrador begleitet Sie überall hin. Hauptsache ist, er darf dabei sein.

Miteinander spazieren gehen
Bei freiem Auslauf im Garten reichen bis zum sechsten Lebensmonat drei Spaziergänge am Tag mit zunächst je zehn, dann je 15 Minuten völlig aus. Außerdem besuchen Sie ja regelmäßig die Welpenspieltreffs, bei denen Ihr Kleiner sich noch zusätzlich austoben darf und mit anderen Welpen balgen kann. Ist Ihr Labrador ein halbes Jahr alt, können Sie die täglichen Spaziergänge ausdehnen: Zweimal am Tag für ungefähr 30 Minuten toben und die Umgebung ausgiebig erkunden, das ist für ihn jetzt ideal.

Am Fahrrad läuft der Labi rechts – die Leine wird stets zwischen Lenker und Hand geklemmt und niemals um Lenkstange oder Handgelenk gewickelt, sodass Sie sie im Bedarfsfall schnell loslassen können.

Nimmt er zusätzlich regelmäßig mit Ihnen an den Übungsstunden eines Junghundekurses teil, und darf er so häufig wie möglich mit anderen Hunden spielen, ist Ihr Energiebündel sicher ausgelastet und stellt Ihnen im Haus nichts auf den Kopf.

Achten Sie aber immer noch darauf, dass er sich beim Toben nicht zu stark verausgabt. Denn er ist in diesem Lebensalter noch nicht so belastbar wie ein ausgewachsener Retriever. Erst wenn seine Knochensubstanz weitgehend ausgehärtet ist, was mit rund 15 Monaten der Fall ist, brauchen Sie keine Angst mehr zu haben, dass er sich übernimmt. Außergewöhnliche Belastungen wie das Laufen neben dem Fahrrad oder dem Pferd und das Überspringen von Hürden, wie es beim Turnierhundesport, Agility oder Flyball üblich ist, sollten Sie ihm dennoch erst nach einem eingehenden Gesundheitscheck zumuten.

Fahrradfahren

Wenn Ihr Labrador ungefähr zwölf bis 15 Monate alt ist, die Vorsorgeuntersuchungen hinter sich und keine gesundheitlichen Probleme hat, dürfen Sie damit beginnen, ihn angeleint neben dem Fahrrad zu führen. Neben dem Rad läuft der Hund stets auf der dem Straßenverkehr abgewandten Seite. Um ihm klarzumachen, nicht wie gewohnt links, sondern rechts zu bleiben, verwenden Sie jetzt nicht das Signal FUSS, sondern zum Beispiel RAD.

Richten Sie sich mit Ihrer Fahrtgeschwindigkeit bitte stets nach Ihrem Hund! Sobald er sich nicht mehr ruhig trabend fortbewegt, sondern zu galoppieren beginnt, müssen Sie Ihr Tempo unbedingt drosseln.

Da vor allem der Labrador Retriever aus einer Show-Linie aufgrund seines kompakten Körperbaus weder ein begnadeter Langstreckenläufer noch ein rasanter Sprinter ist, sollte man das Training am Fahrrad nur sehr langsam steigern und den Hund immer nur kurze Strecken angeleint mitnehmen. Darf der Vierbeiner frei neben dem Rad, in einer für ihn angenehmen Gangart und Geschwindigkeit laufen, und kann er darüber hinaus gelegentlich den Weg durch einen Bach nehmen oder interessante Punkte im Gelände gründlich beschnüffeln und markieren, dann ist gegen regelmäßiges „Laufen am Fahrrad" freilich auch bei einem Labrador Retriever nichts einzuwenden.

Autofahren

Gebiete, in denen Hunde ungefährdet umhertollen können, finden Sie leider meist nicht mehr in Ihrer unmittelbaren Nähe. Demzufolge werden Sie Ihren Vierbeiner ins Auto packen müssen, um ein paar Meter zu fahren. Im Allgemeinen liebt es ein Labrador, im Auto mitfahren zu dürfen. Zu seiner wie zu Ihrer eigenen Sicherheit muss er dabei aber durch eine Absperrvorrichtung vom Fahrersitz abgeschirmt sein. Wenn das nicht möglich ist, machen Sie es sich zur Regel, ihn auch bei kurzen Fahrten immer anzuschnallen. Denn ein im Fahrgastraum nicht gesicherter Hund kann sich schon bei einem leichten Auffahrunfall schwerste Verletzungen zuziehen und auch andere Insassen gefährden.

Aussteigen auf Signal

Sind Sie an Ihrem Fahrtziel angelangt, versteht es sich von selbst, dass Ihr temperamentvoller Labi erst nach Aufforderung aus dem Auto herausspringen darf und nicht bereits hinausstürmt, sobald Sie die Türen öffnen. Mit dem Signal WARTEN o. Ä. können Sie schon den Welpen, der sich noch nicht zutraut, aus relativ großer Höhe hinabzuspringen, an das Abwarten gewöhnen. Heben Sie ihn dann immer mit dem gleichen Signal, z. B. mit AUF GEHTS aus dem Wagen. Wenn er später in der Lage ist, allein aus dem Fahrzeug hinauszuspringen, ist ihm dieses Signal bereits vertraut.

Vorsicht bei warmem Wetter

Nach langsamer Gewöhnung bleibt der erwachsene Labrador auch im Auto für ein bis zwei Stunden allein. Bei hohen Außentemperaturen dürfen Sie ihn selbstverständlich niemals ohne Aufsicht dort zurücklassen. In den Sommermonaten können leicht geöffnete Wagenfenster keine ausreichende Belüftung gewährleisten und nicht für genügend Abkühlung sorgen. Zudem sollten Sie beachten, dass ein im Schatten abgestelltes Fahrzeug nach kurzer Zeit wieder der prallen Sonne ausgesetzt sein kann. Da der Labi recht hitzeempfindlich ist, könnte er dabei sehr schnell einen Hitzschlag erleiden.

> **Tipp | Sicherheitsgurt**
>
> In Zoofachgeschäften gibt es sehr leicht zu handhabende Sicherheitsgurte für Hunde, die beim Gassigehen sogar als Brustgeschirr anstelle eines Halsbandes eingesetzt werden können.

Sind Autofahrten bei heißer Witterung unumgänglich, können Sie Ihrem Hund ein feuchtes T-Shirt überstreifen, das ihm etwas Abkühlung verschafft. Wenn Sie ihm außerdem einen der praktischen „Deckelnäpfe" bereitstellen, kann er während der Fahrt sogar Flüssigkeit zu sich nehmen, ohne dass dabei das gesamte Fahrzeug „überschwemmt" wird.

„Hab' mein Wagen voll geladen..." – am sichersten reisen Vierbeiner auf der Ladefläche eines Kombis, oder in speziellen Transportboxen.

Info | Sinnvolle Beschäftigung mit dem Labrador

im Alter von	Spaziergang	Übungen	Training	Spielen
3.–4. Monat	3x tägl. 10 Min.	3x tägl. 2 Min.	mind. 1x wöchentlich Prägungsspieltage	Wann immer Ihnen
5.–7. Monat	3x tägl. 15–20 Min.	3x tägl. 5 Min.	1x wöchentlich Junghundtraining	danach zumute ist!
8.–12. Monat	3x tägl. 30 Min.	3x tägl. 15-20 Min.	1x wöchentlich Junghund- oder Begleithundtraining	
nach dem 12. Monat	2x tägl. 60 Min.	mind. 2x tägl. ca. 20 Min.	1x wöchentlich Begleithund- oder Dummytraining, jagdl. Ausbildung usw.	

Spaziergänge gestalten

Ist Ihr Labrador durch die regelmäßige Teilnahme an Welpenspieltreffs und durch zahlreiche Kontakte zu erwachsenen Hunden während seiner Welpenentwicklung gut sozialisiert, kennt er alle Formen der unter Hunden üblichen sozialen Verhaltensweisen und wird auch im Junghund- und Erwachsenenalter keine Probleme im Umgang mit anderen Vierbeinern haben.

Geben Sie ihm die Gelegenheit, möglichst viele fremde Hunde zu begrüßen, ausgiebig zu beschnüffeln und mit ihnen zu spielen. Was Sie Ihrem Labi bei solchen Zusammentreffen allerdings klarmachen müssen, ist, dass er niemals eigenmächtig, sondern erst nach Ihrer Erlaubnis auf einen anderen Hund zustürmen darf. Nehmen Sie ihn deshalb zunächst kurz bei Fuß, bevor Sie ihn losschicken. Sind Sie allein mit Ihrem Youngster unterwegs, können Sie in Ihre Spaziergänge kleine Such- und Versteckspiele einflechten, bei denen er rasch begreift, wie spannend es ist, mit Ihnen zusammen zu sein.

Retriever-Treff

Ist Ihr Labrador ungefähr zehn Monate alt, dann darf er Sie auch einmal auf eine der landesweiten von den Retriever-Vereinen organisierten Wanderungen begleiten. Sollten Sie bemerken, dass ihn die Sache jetzt noch überfordert, kehren Sie bitte sofort wieder um und warten, bis Ihr Hund ausgewachsen ist, bevor Sie einen neuerlichen Ausflug zu einem solchen Retriever-Treff starten. Dann wird Ihr Vierbeiner sicher mit Begeisterung dabei sein, und bestimmt werden auch Sie Ihre Freude daran haben, zuzusehen, wie er zusammen mit zahlreichen anderen Retrievern seinen Bewegungsdrang ausleben und nach Herzenslust der „innerartlichen Kommunikation" frönen kann. Nicht selten nehmen 20 bis 30 Hunde an solchen Veranstaltungen teil, außerdem viele Kinder, mit denen Ihr Labi Erfahrungen sammeln kann. Die Termine solcher klubinterner Veranstaltungen werden frühzeitig in den Retriever-Zeitschriften und meist auch auf den Club-Homepages im Internet angekündigt.

Bindung verstärken

Retriever sind sehr zuverlässige Hunde, die sich ihrem Umfeld gut anzupassen verstehen. Erwachsene Tiere, die die Chance hatten, eine innige Bindung zu ihren Menschen aufzubauen, suchen geradezu den ständigen Kontakt zu ihrer Bezugsperson. Dennoch sollten Sie bereits den Welpen immer wieder daran erinnern, seine Aufmerksamkeit auf sein menschliches Rudel zu richten und nicht nur seinen eigenen Interessen nachzugehen. Das gemeinsame Spazierengehen eignet sich besonders gut für derartige Übungen.

Aufmerksamkeit wecken heißt aber nicht, dem Hund ständig durch Zuruf den eigenen Aufenthaltsbereich mitzuteilen. Er hätte dann keinen Grund mehr, sich nach Ihnen auszurichten, da Sie ja dafür sorgen, dass er fortwährend „Standortmeldung" erhält. Ziemlich aussichtslos, weil zu anspruchsvoll für den Welpen, ist es z. B., ihn aus einer wilder Balgerei mit Artgenossen abzurufen. Warten Sie besser, bis er kurz vom Spiel abgelenkt ist (und vielleicht zu Ihnen herschaut), bevor Sie ihn freundlich herbeirufen.

> **Tipp** | **Wesenstest**
>
> Selbst wenn Sie nicht zu züchten beabsichtigen, sollten Sie ab dem Alter von sechs bzw. neun Monaten (abhängig vom Zuchtverein) die Wesensveranlagung Ihres Labrador Retrievers anhand eines Wesenstestes beurteilen lassen. Wesensrichter der verschiedenen Retriever-Vereine begutachten dabei das Verhalten des Hundes seinem Besitzer bzw. seiner Familie und fremden Menschen gegenüber. Außerdem werden die Reaktionen des Labradors auf unterschiedliche optische und akustische Reize sowie sein Verhalten gegenüber Schussgeräuschen getestet.

Labrador Retriever brauchen Artgenossen. Gemeinsame Renn- und Verfolgungsspiele lieben sie besonders – wobei „Jäger" und „Gejagte" immer wieder ihre Rollen tauschen. Sind sie dann auf Tuchfühlung, wird schon mal tüchtig gerempelt und geschoben: zum Kräftemessen.

Freizeitpartner Labrador Retriever

„Absitzen auf Entfernung": Für erwachsene Labrador Retriever sollte diese Übung zur Selbstverständlichkeit werden. Beginnen Sie frühzeitig mit dem Training, dann hat Ihr Powerpaket ansonsten alle Freiheiten der Welt.

Sollte Ihr Labrador also einmal längere Zeit keine Notiz von Ihnen genommen haben, gehen Sie, ohne ein Signal zu geben, in die entgegengesetzte Richtung davon, oder verstecken Sie sich. Sobald Ihr Hund bemerkt, dass er Sie verloren hat, wird er sich auf die Suche nach Ihnen machen. Loben Sie ihn gebührend, wenn er dann zu Ihnen kommt. Wenn ihm so etwas häufiger passiert, wird er bald begriffen haben, dass er Sie im Auge behalten muss, damit Sie nicht plötzlich verschwinden. Er wird deshalb ganz von allein aufrücken oder regelmäßig mit Ihnen (Blick-)Kontakt aufnehmen.

Nachjagen untersagen

Nicht jeder Labrador kommt schon als Junghund brav an die Seite seines Menschen geeilt, oder setzt sich nach dessen Signal sogar auf Entfernung, wenn ein Jogger vorbeischnauft oder ein Hase den Weg kreuzt. Dann heißt es, dem kleinen Wirbelwind – mit vorausschauendem und umsichtigem Handeln – seine „Verfolgungsspielchen" abzugewöhnen. Der Einsatz einer Feldleine von ca. 10 m Länge (im Jagdzubehör oder Hundefachhandel erhältlich) kann dabei eine große Hilfe sein.

Taucht in der Ferne ein geeignetes „Übungsopfer" auf, nehmen Sie Ihren Labrador an diese „lange Leine". Die Leine muss locker durchhängen, sodass kein Zug darauf herrscht. Hat sich die vermeintliche Beute genähert, geben Sie Ihrem Labrador das Signal SITZ. Läuft er unbeeindruckt von Ihrem Signal weiter, gebieten Sie seinem Bewegungsdrang mit der Leine Einhalt und erteilen dabei nochmals das SITZ-Signal. Bleibt er trotz Ablenkung brav sitzen, gehen Sie zu ihm und loben ihn überschwänglich. Jetzt ist sogar ein Belohnungshappen angebracht. Wiederholen Sie das Vorgehen auf Ihren Spaziergängen immer wieder. Erst wenn er sich auf Signal stets unverzüglich setzt, und auch sitzen bleibt, brauchen Sie ihn in solchen Situationen nicht mehr an eine lange Leine zu nehmen.

Tipp | Unbekanntes Gelände

Suchen Sie für Ihre gemeinsamen Spaziergänge möglichst oft dem Junghund unbekanntes Gelände auf. Ihr Vierbeiner lernt dann schneller, sich an Ihnen zu orientieren als dies auf ihm absolut vertrauten, weil stets gleich verlaufenden Routen der Fall wäre.

Heranrufen

Damit Ihr Hund stets freudig zu Ihnen zurückkommt, sobald Sie ihn dazu auffordern, sollten Sie es sich zur Regel machen, ihn nicht nur zum Anleinen und anschließenden Nachhausegehen zu sich zu rufen, sondern dies auch während des Spazierganges gelegentlich einmal zu tun. Rufen Sie Ihren Vierbeiner also freundlich auffordernd herbei, stecken ihm einen Leckerbissen zu oder schmusen bzw. spielen eine Weile mit ihm. Danach entlassen Sie ihn wieder zum Schnüffeln. Wenn Sie Lust dazu haben, können Sie bei solchen Gelegenheiten auch ab und zu ein paar kurze Übungen einbauen.

Mehr Abwechslung
Abwechslung ist gerade beim Herbeirufen unbedingt gefragt. Denn nur allzu rasch stellen die äußerst lernfähigen Labrador Retriever die verhängnisvolle Verknüpfung her: „Immer dann, wenn ich zu meinem Menschen hinlaufe, ist́s mit dem freien Schnüffeln und Toben vorbei." Dass es danach immer schwieriger wird, diese cleveren Vierbeiner zum unbekümmerten Herbeieilen zu animieren, ist mehr als offensichtlich. Ist diese Verknüpfung bereits erfolgt, hilft nur noch, über die Maßen interessant für den Hund zu werden. Machen Sie sich beispielsweise am Boden zu schaffen, scharren Sie dort etwas vermeintlich furchtbar Spannendes zu Tage, betrachten Sie es neugierig und mit Entzückensrufen. Es wird bestimmt nicht lange dauern, und Ihr kleiner Vierbeiner steht neben Ihnen und will mithelfen. Dass Sie ihn jetzt nicht sofort am Halsband packen, um ihn anzuleinen, versteht sich von selbst. Lassen Sie ihn erst mitschnüffeln und kraulen Sie ihn, bevor Sie behutsam zum Anleinen schreiten.

Sein erster Wasserapport: Stapfen Sie zusammen mit Ihrem Kleinen ins feuchte Element. Machen Sie ihn auf das Dummy aufmerksam und werfen Sie es höchstens einen Meter vor ihm aufs Wasser.

Schwimmen

Beim Schwimmen kann der Labrador sich nicht nur abkühlen, sondern auch seine Muskulatur trainieren, ohne dabei die Gelenke zu sehr zu strapazieren. Schwimmen dürfen deswegen selbst gelenkkranke und alte, aber auch sehr junge Hunde. Gerade Junghunde sollten Erfahrungen mit Wasser sammeln dürfen, zumal ihnen die Fähigkeit zum Schwimmen angeboren ist.

Gewöhnung an Wasser

Insbesondere bei einem Labrador werden Sie keine Mühe haben, ihn ans Wasser zu gewöhnen. Denn meist trauen sich diese wassernärrischen Hunde bereits als kleine Welpen ins kühle Nass und sind dann nur mit Überredung wieder herauszubekommen.

Sollte Ihr Labi wider Erwarten keine Begeisterung für das Wasser zeigen, zwingen Sie ihn niemals zum Schwimmen! Viel effektiver und ohne Nachteile für seine Psyche ist es, wenn Sie einen erwachsenen und schwimmerfahrenen Hund als Begleitung an ein ruhiges Gewässer mit sanft abfallenden Ufern mitnehmen. Es wird mit Sicherheit nicht lange dauern, und Ihr Kleiner folgt dem Beispiel des Großen.

Oder Sie gehen einfach selbst mit ins Wasser. Hat Ihr Labrador bereits Vertrauen zu Ihnen aufgebaut, wird er sicher bald folgen. Doch haben Sie dabei viel Geduld.

Apportieren aus dem Wasser

Lassen Sie Ihren Retriever schon bald auch aus dem Wasser apportieren. Dazu ist es nicht unbedingt nötig, dass er das Apportieren bereits perfekt beherrscht. Gerade junge Labis holen und bringen Dummies aus dem Wasser meist sicherer und gezielter als an Land. Verwenden Sie dazu aber niemals Stöcke! Beim Ausstieg aus tiefen Gewässern hat sich schon mancher Hund einen Stock in den Rachen gerammt und dabei schwer verletzt. Werfen Sie Ihrem Labrador stattdessen ein schwimmfähiges Dummy oder spezielle Wasserdummies. Statten Sie diese zunächst mit einer langen Schnur aus. Dann haben Sie die Möglichkeit, die Bringsel wieder einzuholen, sollte es mit dem Apportieren einmal doch nicht klappen. Üben Sie an einem möglichst flachen Gewässer ohne Strömung und mit seichtem Einstieg, so können Sie Ihren Kleinen ins kühle Nass begleiten, und das Dummy wird nicht zu schnell davongetragen.

Apportieren für Anfänger

Auch wenn Apportieren allen Labrador Retrievern im Blut liegt, so ist doch korrektes Bringen eine nicht zu unterschätzende Lernaufgabe und bedarf deshalb eines sicheren Gehorsams. Da man zweckmäßigerweise mit Übungen an der Leine bzw. in der Freifolge neben dem Hundehalter beginnt, sollte der Labrador die Leinenführigkeit und das Gehen frei bei Fuß sicher beherrschen. Auch die Signale SITZ und PLATZ sowie das Herankommen auf Zuruf bzw. Pfiff müssen bereits sitzen.

Neben dem geduldigen und konsequenten Einstudieren des Grundgehorsams sollte aber gerade beim Welpen auch die spielerische Förderung seines Bringtriebes nicht zu kurz kommen.

Bringleidenschaft bei Welpen

Ist Ihr Labrador-Welpe sehr apportierfreudig und nimmt gern etwas Transportables in den Fang, um es umherzutragen, dann sollten Sie ihm dieses Verhalten niemals verbieten, auch dann nicht, wenn das Apportierte recht unappetitlich für Sie ist. Sie müssen Ihren Kleinen stattdessen kräftig loben und ihn, z. B. mit dem Signal APPORT, ermuntern, Ihnen diesen Gegenstand zu bringen und zu überlassen. So schaffen Sie sich ganz nebenbei die Möglichkeit, ihn auch später und in jeder Lebenslage dazu zu bewegen, mit seiner „Beute" – vielleicht Ihrem gefüllten Kontaktlinsendöschen? – freudig zu Ihnen zu kommen und sich diese widerstandslos abnehmen zu lassen. Kommt Ihr Labi mit seiner „Jagdbeute" im Fang nicht sofort herbeigestürmt, laufen Sie ein Stückchen in die entgegengesetzte Richtung davon, um ihn zu motivieren. Ist er dann bei Ihnen angelangt, loben Sie ihn überschwänglich, knuddeln ihn mit beiden Händen am Hals – ohne dabei das Bringsel gleich anzufassen – und nehmen es ihm anschließend, evtl. mit einem freundlichen Signal wie etwa GIB AUS behutsam aus dem Fang. Nun ist ein Leckerli fällig.

Loben Sie Ihren Welpen überschwänglich, wenn er das Dummy aufnimmt und zurückschwimmt. Ist er bei Ihnen angelangt, liebkosen Sie ihn, bevor Sie ihm das Bringsel behutsam abnehmen.

Info | Ohne Halsband

Lassen Sie Ihren Hund niemals mit angelegtem Halsband schwimmen. Zu leicht könnte er z. B. an einem Ast hängen bleiben und sich verletzen. Beim Spielen und Toben sollten Hunde generell kein Halsband tragen! So können ernsthafte Verletzungen vermieden werden.

Schrittweises Vorgehen beim Junghund: Wecken Sie das Interesse Ihres Labis für das Dummy – legen Sie es ihm in den Fang, während Sie mit ihm an der Leine zügig ein kurzes Stück gehen.

Dummies als Jagdersatzobjekte
Um zu vermeiden, dass Ihr Kleiner nun erst recht alles aufsammelt, damit er es zu Ihnen tragen kann, geben Sie ihm schon frühzeitig und so häufig wie möglich die Gelegenheit, sein Welpendummy umherzutragen und dieses zu Ihnen zu bringen. Sparen Sie dabei niemals mit Lob. Geübt wird zunächst im Haus, dann erst draußen und unter Ablenkung.

Ruhe bewahren
Im Hinblick auf Ihr späteres gemeinsames Apportiertraining mit Dummies sollten Sie sich zur Regel machen, Ihren Labrador Retriever stets freundlich auffordernd zu sich zu rufen und ihm niemals hinterherzulaufen. Diese Vorgehensweise hat sich wesentlich besser bewährt, als dem Vierbeiner aufgeregt und wild gestikulierend hinterherzurennen, um ihm mit einem lautstarken AUS, PFUI o. Ä. das Apportieren eines ekelerregenden oder gefährlichen Gegenstandes zu untersagen. Abgesehen davon, dass Sie damit ohnehin nicht erreichen, dass Ihr Vierbeiner gehorcht, kann ein solches Verhalten selbst dem bringfreudigsten Labrador Retriever den Spaß am Apportieren für immer verleiden.

Nach zahlreichen Vorübungen – im Haus und ohne Ablenkung – dürfen Sie schließlich dazu übergehen, Ihren Labrador das geliebte Dummy auch unterwegs tragen zu lassen. Zu Hause bereits zeigen Sie ihm das Apportel für einen Augenblick und stecken es danach in die Jackentasche, auch dann, wenn er es sehr gern beschnuppern möchte. Unterwegs nehmen Sie Ihren Hund an die Leine und holen daraufhin ganz entzückt das Dummy hervor. Er wird sicher freudig versuchen, sein Bringsel zu erhaschen. Geben Sie es ihm in den Fang (Signal APPORT), und gehen Sie nun ein paar Schritte mit ihm. Dabei loben Sie ihn überschwänglich, z. B. mit „Brav Apport". Nach ein paar Metern nehmen Sie ihm das Bringsel mit einem freundlichen GIB AUS ab (jetzt hat er sich den sofortigen Belohnungshappen wirklich verdient!) und begutachten die „gemeinsame Jagdbeute" gebührend, bevor Sie diese wieder in Ihrer Tasche verstauen.

Apportierfreude fördern
Auch wenn es Ihnen schwerfällt, lassen Sie Ihren Labrador während des Trainings erfolgreiche Übungen nicht sofort erneut ausführen. Denn zu häufige Wiederholungen können ihn rasch langweilen und sein Interesse an den betreffenden Aufgaben erheblich vermindern. Zwei bis drei solcher Apportierübungen während eines Spaziergangs genügen deshalb vorläufig. Allerdings können Sie dazu übergehen, das Bringsel beim Übergeben an den Hund im Laufe der Zeit immer weiter bodenwärts zu bewegen. Denn Sie wollen ja erreichen, dass er es schließlich auf Signal nicht nur aus Ihrer Hand, sondern auch vom Boden aufnimmt.

Schwierigkeiten beim Tragen
Hat Ihr Hund noch kein Interesse daran, das Dummy festzuhalten, laufen Sie zuerst einmal sehr zügig mit ihm voran und versuchen ihm während des Laufens das Apportel in den Fang zu legen. Ihr APPORT-Signal können Sie dabei z. B. mit einem FEST ergänzen. Beschleunigen Sie unbedingt Ihren Schritt, damit Ihr Vierbeiner beschäftigt ist und nicht auf die Idee kommt, das Dummy gleich wieder fallen zu lassen. Auch wenn er es jetzt nur sehr kurze Zeit festhält, müssen Sie ihn dabei unbedingt kräftig loben, z. B. mit „Braaav fest". Ist er wieder im Begriff, das Bringsel „auszuspucken", dann sollten Sie mit Ihrem freundlichen GIB AUS schneller sein als er und das Dummy abfangen. Denn einmal auf den Boden gefallen, sollten Sie sich eigentlich nicht mehr danach bücken. Ihr Hund könnte sich sonst daran gewöhnen, dass Sie für ihn arbeiten. In einem solchen Fall ist es günstiger, das Dummy mit dem Fuß leicht anzukicken, damit es für den Hund wieder interessant wird und er es nochmals aufnimmt.

Eine weitere Möglichkeit, den schon etwas älteren Retriever an das Festhalten zu gewöhnen, ist, ihn zunächst absitzen zu lassen, danach seinen Fang evtl. mit leichtem Druck auf die Lefzen etwas zu öffnen, das Bringsel hineinzulegen und – unter kräftigem Loben – seinen Unterkiefer abzustützen, um das Dummy im Maul zu fixieren.

Lassen Sie ihn das Dummy zunächst nur wenige Schritte tragen (er sollte keine Gelegenheit bekommen, „Dummheiten" damit anzustellen). Dann nehmen Sie es wieder freundlich entgegen und loben ihn tüchtig.

Übungen abwechslungsreich gestalten

Wie bereits erwähnt, apportieren Labrador Retriever Bringsel gerade aus dem Wasser recht zielstrebig. Aber nicht nur das, auch über einen schmalen Graben hinweg können Sie Ihrem Hund ein Dummy werfen. Er wird sofort nachsetzen und es bringen. Auf ebenen, sehr weitläufigen Flächen mit viel Ablenkungsmöglichkeiten kann es dagegen vorkommen, dass Ihr junger Vierbeiner zwar freudig zum Dummy hinstürmt und dieses aufnimmt, im Anschluss aber nicht zügig damit zu Ihnen zurückkehrt. Aus diesem Grund gilt es gleich zu Beginn der Übungen geeignetes Gelände auszuwählen und dabei gleichzeitig die Apportierfreude des jungen Hundes durch zahlreiche kurzweilige Bringspielchen zu verstärken, etwa mit einer Reizangel.

Dummies sind kein Spielzeug

Vermeiden Sie es, ein Dummy auf dem Fußboden oder im Welpenkörbchen herumliegen und den Hund unbeaufsichtigt damit spielen zu lassen. Sie laufen sonst Gefahr, dass sogar Ihr apportierbegeisterter Retriever bald das Interesse an diesem Utensil verliert und Sie so eine ideale Möglichkeit für seine artgerechte Bewegungsförderung und Beschäftigung verspielen. Wenn Sie ein Dummy nach Gebrauch stets wegräumen und es nur ab und zu und unter viel Aufhebens (indem Sie selbst damit spielen, es vor der Nase des Hundes am Boden hin und her bewegen, ihm zunächst aber noch nicht die Möglichkeit geben, es zu bekommen) wieder hervorholen, wird er ein Dummy bald als etwas Besonderes ansehen. Als etwas, das für seinen Menschen sehr bedeutsam und deswegen auch für ihn äußerst begehrenswert ist.

Freude am Apportieren

Ob Sie die Apportierfreude Ihres Hundes auf Dauer erhalten können, hängt in ganz entscheidender Weise davon ab, wie Sie die von ihm überbrachte „Jagdbeute" behandeln. Wenn Sie die Bringsel stets gebührend begutachten und wertschätzen, bevor Sie diese wieder verstauen bzw. dem etwas geübteren Apporteur erneut auswerfen, kann Ihr Retriever erkennen lernen, dass Sie sich über sein Apportierverhalten maßlos freuen. Um Ihnen zu gefallen, wird er sein Bringsel dann auch weiterhin gern bei Ihnen abgeben und mit Sicherheit weniger dazu neigen, sich damit aus dem Staub zu machen. Packen Sie Dummies nach der Übergabe jedoch sofort lieblos weg (womöglich auch noch, ohne ihm ein Leckerchen zugesteckt oder ein Tauschobjekt wie etwa ein Spielzeug zur freien Verfügung dafür überlassen zu haben), wird Ihr Labrador mit der Zeit immer weniger Freude am Apportieren haben und, was besonders schade wäre, weniger bereitwillig bei Ihnen abliefern. Das Ganze klingt vielleicht unbedeutend, dennoch würden Sie sich dadurch viele interessante Möglichkeiten der Freizeitbeschäftigung mit Ihrem Vierbeiner verbauen.

Tipp | **Richtig loben**

Um sein „Ausspucken" nicht noch unbewusst zu fördern, dürfen Sie Ihren Vierbeiner nicht erst unmittelbar nach dem Abgeben des Dummies loben. Er könnte sonst das Lob mit dem Abgeben und nicht wie gewünscht mit dem Festhalten in Beziehung setzen. Geknuddelt und gelobt wird demnach nur, solange er das Dummy im Fang hält, danach verstummen Sie abrupt.

Der perfekte Apport
1 Ihr erwachsener Labrador sitzt aufmerksam neben Ihnen, die Augen gespannt auf Sie und das Dummy gerichtet.
2 Sie werfen das Bringsel „brrrrr" durch die Lüfte – es klingt total verlockend für Ihren Vierbeiner, trotzdem verharrt er regungslos an Ort und Stelle; er ist „steady".
3 Sobald Sie ihn mit APPORT schicken, flitzt er los, schnurstracks auf das Dummy zu ...

4 ... nimmt es auf und stürmt (das Bringsel akkurat zwischen den Kiefern platziert) auf direktem Wege zu Ihnen zurück ...
5 ... setzt sich mustergültig vor bzw. neben Sie hin ...
6 ... und lässt seine „Beute" erst dann in Ihre Hände fallen, wenn Sie ihn mit GIB AUS dazu auffordern.

Auf Signal über die Hürde, hin zum Spielzeug, und: „erwischt". Mit etwas Übung gelingt auch der Rückweg, also mit dem Spielzeug im Fang zurück über die Hürde und zu Herrchen zum Abgeben. Damit der Labi verstehen lernt, worum es geht, trainiert man am besten zunächst an der Leine und springt gemeinsam über das Hindernis.

Grundausbildung und Sport

Da schon der junge Labrador Retriever vor Arbeitsfreude überschäumt, sollte man ihm so früh wie möglich Gelegenheit geben, mit seiner Bezugsperson zu trainieren. Ist er fünf bis sechs Monate alt, eignet sich dazu das Junghundtraining. Der Inhalt dieser Ausbildung ist speziell auf die Leistungsfähigkeit und die Bedürfnisse von fünf- bis zwölfmonatigen Retrievern abgestimmt. So werden Lernphasen immer wieder durch Spiel- oder Ruhepausen unterbrochen, damit die Junghunde trotz ihres enormen Lerneifers nicht überfordert werden. Die landesweiten Ausbildungsveranstaltungen, insbesondere die der Retriever-Vereine, bieten ihnen ausreichend Gelegenheit, sich hundgemäß zu verhalten und rassespezifisch zu arbeiten, und sie ermöglichen auch ihren Menschen neue Bekanntschaften und den Erfahrungsaustausch unter Retriever-Freunden. Gerade dieser Austausch ist für Anfänger in der Hundehaltung von unschätzbarem Wert, gibt es doch im täglichen Umgang mit dem Labi immer Fragen, die einer raschen Beantwortung bedürfen.

Begleithundekurse

An das Junghundtraining schließen Begleithundekurse für Anfänger und Fortgeschrittene an. Exklusiv für Retriever werden sowohl Junghunde- als auch Begleithundekurse von den beiden Rassevereinen angeboten. Begleithundekurse werden zudem auch von allen örtlichen Hundevereinen durchgeführt.

In der Begleithundeprüfung (BHP A und B, Mindestalter: 12 Monate) kann Ihr Labrador dann zeigen, ob er den Grundgehorsam beherrscht. Auf dem Übungsplatz oder in freiem Gelände werden Leinenführigkeit, Freifolge, Herankommen, Ablegen sowie Apportieren und Schussfestigkeit geprüft (Teil A). Zusätzlich wird auf öffentlichen Straßen und Plätzen sein Verhalten gegenüber anderen Tieren, Fußgängern und Radfahrern sowie seine Reaktion gegenüber starken Geräuschen getestet (Teil B).

Agility, Flyball, Turnierhundesport

Aufgrund seines Temperaments, seines Bewegungsdrangs und seiner Begeisterungs- und Lernfähigkeit schneidet der Labrador auch bei Geschicklichkeits-

Grundausbildung und Sport

übungen und anderen hundesportlichen Aktivitäten gut ab. Wegen seines breiten und kompakten Körperbaus bringt er meist dennoch nicht die Idealvoraussetzungen für diese Arten der Freizeitbeschäftigung mit. Soll Ihr Labi trotzdem am Agility-, Flyball oder Turnierhundesport teilnehmen, muss er absolut frei von degenerativen Veränderungen seiner Hüft- oder Ellenbogengelenke sein. Außerdem darf sein Herz-Kreislauf-System keinerlei Krankheitsanzeichen aufweisen. Darüber hinaus sollte er absolut schlank gehalten werden. Am günstigsten ist es (sollte Ihr Labi nicht gerade aus einer reinen Arbeitslinie stammen), wenn Sie derartige Sportarten nicht wettkampfmäßig mit ihm betreiben und als Hochleistungssport, sondern lediglich „just for fun".

Obedience
Bei dieser „Hohen Schule des Gehorsams" handelt es sich um ein Training ohne psychischen oder physischen Druck, bei dem der Hund auf Sicht- und/oder Hörzeichen unterschiedlichste Gehorsamsübungen, zum Teil über große Entfernungen hinweg, ausführt. Vergleichbar dem Begleithundetraining lernt der Vierbeiner die Leinenführigkeit ebenso wie die Signale SITZ, PLATZ und STEH. Zusätzlich wird das Arbeiten in einer Hunde- und Menschengruppe geübt. Außerdem sind mehrere Apportierübungen mit Bringseln aus den verschiedensten Materialien, zum Teil über weite Entfernungen und auch über Hürden hinweg oder zwischen Hindernissen hindurch, im Trainingsplan enthalten.

Info Übungsplatzzubehör

> Retriever-Leine – sie ist Halsband und Leine zugleich
> Halsband „ohne Zug" und eine 1 m lange Führleine
> Dummy – ca. 500 g schwer
> Retriever-Pfeife

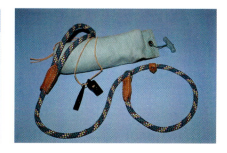

Dummytraining

Die Beschäftigungsmöglichkeit, die den ursprünglichen Aufgaben dieser eifrigen Apportierhunde zweifellos am nächsten kommt, ist das Arbeiten mit Dummies. Es eignet sich für jagdlich wie für nichtjagdlich geführte Labis gleichermaßen. Denn meistens steht vor dem Arbeiten mit Wild auch ein gründliches Apportiertraining mit Dummies. Zu den üblichen Fächern zählen z. B. Markierapporte (marking), Einweisen auf Dummies, Ausarbeiten einer Schleppe und die (freie) Verlorensuche.

Um mit dem Dummytraining beginnen zu können, muss der Labrador bereits sehr zuverlässig apportieren und den notwendigen Grundgehorsam zeigen. Voraussetzungen sind deshalb das Absolvieren eines Begleithundekurses und die bestandene Begleithundeprüfung.

Standruhe

Als Erstes steht das Üben der Standruhe (steadiness) auf dem Programm. Dabei wird der Labrador langsam darauf hingeführt, Dummies erst nach Aufforderung zu apportieren und sich weder durch dicht neben ihm fallende Bringsel noch durch andere arbeitende Hunde zum „Einspringen" verlocken zu lassen.

Als Vorübung können Sie Ihren Labrador zunächst neben sich absitzen lassen und einen Helfer bitten, in einiger Entfernung ein Dummy auszuwerfen. Vor den staunenden Augen Ihres Vierbeiners machen Sie sich nun selbst auf den Weg, um das Dummy zu holen. Währenddessen sollte der Hund „steady" an Ort und Stelle sitzen bleiben. Ignoriert er Ihr BLEIB-Signal und folgt Ihnen zum Dummy, dann darf er freilich nicht zum Erfolg (also zum Aufnehmen des Bringsels) gelangen. Jetzt kommt Ihr zweibeiniger Helfer, der sich in der Nähe des Dummies postiert hält, erneut zum Einsatz: Indem er das Bringsel rasch vom Boden aufhebt bzw. mit dem Fuß darauf steht, sollte er verhindern, dass Ihr noch „ungehorsamer" Vierbeiner das Objekt seiner Begierde erhaschen kann.

Statt diese zu werfen, können Sie Dummies auch auslegen. Für den Anfänger im Voranschicken genügt eines, beim Fortgeschrittenen arbeiten Sie mit mindestens drei davon. Zeigen Sie Ihrem Labi deutlich, wo Sie die Bringsel (zunächst in gerader Linie und jeweils ca. 3 Meter voneinander entfernt) platzieren. Gehen Sie zu ihm zurück und …

Signal VORAN

Beherrscht der Labrador diese erste Lektion, erlernt er das Signal VORAN. Während sein Halter oder ein Helfer das Dummy auswirft, sitzt er ruhig und gelassen (steady) an dessen linker Seite. Sobald der Hundeführer das Hörzeichen erteilt, muss der Hund in gerader Linie in die durch Handzeichen gewiesene Richtung loslaufen und die eingeschlagene Richtung so lange beibehalten, bis er ein Dummy findet bzw. bis er abgepfiffen wird.

Äußerst wichtig für das Signal VORAN ist, dass der Hund wirklich erst dann startet, wenn das Hörzeichen ertönt, und nicht bereits losstürmt, sobald der Hundehalter seinen Arm nach vorn bewegt. Nur wenn der Labrador sich zunächst auf das Handzeichen konzentriert, ist er auch in der Lage, die feinen Nuancen in der Richtungsweisung sicher zu erkennen.

Erfolg spornt an

Um dem Vierbeiner rasch ein Erfolgserlebnis zu bescheren, wird das Dummy zunächst in geringer Entfernung und „sichtig" ausgeworfen. Sichtig bedeutet, dass der Hund dabei die Flugbahn und Fallstelle des Bringsels, manchmal auch nur dessen Flugbahn, deutlich sehen kann.

Info | Dummy-Zubehör

- mindestens vier schwimmfähige Standarddummies mit Wurfgriff – ca. 500 g schwer
- Retriever-Pfeife
- Retriever-Leine (Moxonleine)

Im Gegensatz zu einem solchen Markier-Apport spricht man bei einem „nicht sichtig" ausgeworfenen Apportel, bei dem der Hund nicht erkennen kann, ob und wo ein Dummy geworfen wird, von einem blinden Apport. Dieses „blind retrieve" ist eine höhere Schwierigkeitsstufe. Denn der Hund muss zunächst erkennen lernen, dass es auch dann etwas zu bringen gilt, wenn er nichts fliegen oder herabfallen gesehen hat. Lassen Sie ihm deshalb genügend Zeit, dies zu durchschauen.

... sobald er sich gut konzentriert, schicken Sie ihn zum Holen – eins nach dem anderen, das zuerst ausgelegte, also dasjenige, das am dichtesten vor ihm liegt, als erstes. Hat er das Dummy herbeigebracht, nehmen Sie es ihm behutsam ab, verstauen es in Ihrer Tasche und schicken ihn erneut, so lange, bis alle Dummies zusammengetragen sind.

So lernt der Hund – auf direktem Weg zu Ihnen hin – kurz anzuhalten, ein Dummy aufzunehmen, und danach seinen Weg fortzusetzen. Schon das Sitzenbleiben, während sich sein Mensch mit dem Dummy in der Hand rückwärtsgehend von ihm fortbewegt, ist für den Labrador eine große Gehorsamsleistung.

Jederzeit zu stoppen

Parallel zu den oben genannten Übungen gewöhnt man den Labrador daran, sich jederzeit stoppen zu lassen, und zwar unabhängig davon, ob er sich gerade von seinem Hundehalter weg- oder zu diesem hinbewegt. Selbst dann, wenn er nach einem HIER-Pfiff zu seinem Halter oder nach dem Signal VORAN zu einem sichtig geworfenen Dummy unterwegs ist, muss er auf einmaligen Pfiff sofort anhalten und sich seinem Menschen zuwenden bzw. sich ihm zugewandt hinsetzen.

Einweisen

Erst wenn auch diese Programmpunkte sicher beherrscht werden, folgt das Fach „Einweisen", das heißt das „Lenken" des Retrievers über zum Teil große Entfernungen auf sichtige oder nicht sichtige Dummies bzw. Wild. Wie beschrieben schickt man den Hund mit dem Signal VORAN in gerader Linie zum Apportieren los, um ihn dann auf Höhe eines Dummies mit dem Sitz-Pfiff abzustoppen und durch Handzeichen (meist unterstützt durch einen Ausfallschritt in die entsprechende Richtung) direkt auf das Bringsel hinzudirigieren. Auch dabei muss der Hund lernen, in gerader Linie zu laufen und die angegebene Richtung möglichst exakt einzuhalten. Denn nicht immer liegen die Dummies sehr weit voneinander entfernt, sodass bei Nichteinhalten der Richtung leicht ein anderes als das vom Halter anvisierte Dummy aufgenommen wird. Nur wenn es unbedingt erforderlich ist, motiviert man den Labrador zusätzlich zu den richtungsweisenden Handzeichen mit dem Signal APPORT, das Dummy aufzunehmen.

Das Voranschicken in gerader Linie sollte schließlich nicht nur aus der Grundstellung (Hund sitzt links neben dem Hundehalter), sondern ebenso zuverlässig auch von jeder anderen Stelle aus möglich sein: Das dabei verwendete „Weiter geradeaus" signalisiert der Halter seinem Hund, indem er einen bzw. beide Arme schräg nach oben bewegt, sodass dieser die Anweisung auch noch aus größerer Entfernung sicher erkennen kann. Bis es soweit ist, braucht es freilich einiges an Übung.

Dummytraining

Kurz bevor man das Dummy zu Boden fallen lässt, konzentriert man den Hund darauf (z.B. PASS AUF), danach geht man nochmals ca. 10 Schritte rückwärts, bevor man ihn zum Apportieren heranruft.

Info | Dummyvielfalt

Dummies gibt es in den unterschiedlichsten Formen, Materialien, Größen und Farben.
- Standarddummies mit Wurfgriff sind aus einem sehr festen Baumwollstoff und mit verschiedenen Naturmaterialien gefüllt und werden allgemein für das Dummytraining verwendet.
- Hasendummies haben keinen Wurfgriff und sind mit einer Entenfeder bzw. einem Stückchen Hasen- oder Fuchsfell umwickelt.
- Wasserdummies sind recht leicht und liegen für den Hund deutlicher sichtbar auf der Wasseroberfläche.
- Welpendummies sind kleiner und leichter und deshalb für Anfänger geeignet.
- Futterbeutel mit Reiß- oder Klettverschluss können beim Apportiertraining Anwendung finden. Hier bekommt der Hund die Belohnung nach korrektem Bringen direkt aus dem apportierten Säckchen.

Schleppe

In der Praxis hat es sich bewährt, einen Retriever vor dem Üben der Verlorensuche einige Schleppen arbeiten zu lassen. Die Arbeit auf der Schleppe simuliert eine Jagdsituation, in der die Spur angeschossenen und sich wegschleppenden Wildes vom Hund so lange verfolgt wird, bis er das verendete Tier findet. Dazu wird ein an einer Schnur befestigtes Dummy von einem Ausgangspunkt, dem sogenannten „Anschuss", aus zunächst ohne, dann mit Einbringen von Winkeln, fünfzig, später bis mehrere Hundert Meter weit über den Untergrund gezogen. Wenn der Hund gelernt hat, die Schleppe mit der langen Leine und in Begleitung seines Halters sicher zu arbeiten, wird er nur noch mit einer kurzen Leine, z. B. der Retriever-Leine, und einem Signal, z. B. SPUR oder SUCH, angesetzt, um nun selbstständig die Schleppspur auszuarbeiten, das Dummy aufzunehmen und seinem Führer zuzutragen. Um dem Labi die Arbeit schmackhaft zu machen, beginnt man mit einer Pansenschleppe: „Guten Appetit!"

Richtig einweisen

Zur hohen Schule des „Einweisens" gehört auch das Dirigieren des Hundes nach rechts bzw. links.

1 Auf einem Gelände mit starken Leitlinien, also z.B. vor einer Hecke, lassen Sie Ihren Hund absitzen...
2 ... und legen in ca. 10 Meter Entfernung (in gerader Linie vom Hund, hier nach rechts) gut sichtbar ein Dummy auf den Boden.
3 Ist Ihr Hund bereits geübter, können Sie anschließend vor seiner Nase entlangmarschieren und auf der gegenüberliegenden Seite ein weiteres Dummy auslegen.
4 Gehen Sie nun zum Hund, postieren sich ca. 3 Meter vor ihm und heben den rechten Arm.
5 Ein kurzer Sitz-Pfiff, dann schicken Sie ihn mit deutlicher Geste nach rechts, also zum zuerst ausgelegten Dummy.

Dummytraining | 117

6 Hat Ihr Labi mustergültig zurückgebracht, und
7 ... Sie haben das Dummy wieder in den Händen,
8 ... bringen Sie ihn erneut in die Ausgangsposition, treten wieder 3 Meter vor ihn ...
9 ... und dirigieren ihn entsprechend nach links.
10 Ihr Labi soll das Dummy wieder auf direktem Weg zu Ihnen bringen.

Klappt alles prima, vergrößern Sie bei den nächsten Übungen allmählich die Entfernung, zunächst diejenige zwischen sich und Ihrem Hund und danach die zwischen Hund und Dummy. Mindestens 100 Meter in alle drei Richtungen ist das Ziel.

Verlorensuche

Die (freie) Verlorensuche wird mit dem Labrador in der Regel erst dann trainiert, wenn er sich schon sicher einweisen lässt. Ansonsten kann es leicht vorkommen, dass der Hund bereits beim Einweisen zu wenig Blickkontakt zu seinem Menschen hält und sich zu weiträumiges Suchen angewöhnt.

Anders als beim Einweisen auf ein Apportel verwendet man bei der Verlorensuche, also der möglichst selbstständigen Suche des Hundes nach im Gelände ausgelegten Dummies, keinerlei Handzeichen. Mit dem Signal SUCH oder SUCH VERLOREN – und beiden Händen auf dem Rücken – schickt man den Retriever ins Gelände. Erst wenn der Hund nicht mehr ausdauernd genug arbeitet, was bisweilen nach mehrmaligem Ansetzen eintreten kann (er hat schon einige Dummies gesucht, gefunden und ordnungsgemäß abgeliefert), sollte man ihn mit dem „Suchen-Pfiff", einer schnellen, stakkatoähnlichen Pfiff-Folge (aber wieder ohne Handzeichen), zur weiteren selbstständigen Dummysuche auffordern. Um zu verhindern, dass der Vierbeiner sich überwiegend optisch orientiert, anstatt mit der Nase zu suchen, wählt man gleich zu Beginn des Trainings Gelände mit relativ dichtem Bewuchs.

Wasserapport

Ursprünglich für einen Einsatz im und am Wasser gezüchtet, sind Labrador Retriever freilich jederzeit bereit, das an Land Gelernte exzellent auch im nassen Element auszuführen. Wenn dem Vierbeiner „Standruhe am Wasser" und „Schütteln erst nach Übergabe des Dummies an den Halter" ebenfalls zur Selbstverständlichkeit geworden sind, steht einer erfolgreichen Wasserarbeit nichts mehr im Wege. Aber bis dahin ist es nicht selten ein weiter und übungsintensiver Weg, denn ruhig und gelassen am Ufer abzuwarten, bis das Signal des Hundehalters das Starten ins Wasser erlaubt – noch dazu beim Anblick eines auf das Wasser klatschenden Dummies –, ist für die wassernärrischen Labrador Retriever eine sehr große und nicht zu unterschätzende Gehorsamsleistung. Und bevor sie sich das Wasser aus dem Pelz schütteln, legen sie ihre Beute meist auf dem Boden ab – wenn es sich dabei um eine angeschossene Ente handelt, ist klar, was passieren würde. Doch nach konsequentem und geduldigem Üben erledigen sie auch das mit Bravur. Die Labrador Retriever kommen sogar mit stärkeren Strömungen, hohen Wellengang und steilen Uferböschungen zurecht.

Erhöhter Schwierigkeitsgrad: Der Labrador muss zunächst einen Graben überwinden und auf der gegenüberliegenden Seite seine Suche nach dem ausgelegten Wild bzw. Dummy fortsetzen.

Prüfungen und Meisterschaften für Retriever

Prüfung	Anforderung
Jagdliche Jugendprüfung (JP/R) früher: Anlagenprüfung (AP/R) im Alter zwischen 9 und 24 Monaten	> Beurteilung der jagdlichen Anlagen im Hinblick auf Jagd- sowie Zuchttauglichkeit des Hundes
Dummyprüfung (DP/R) Anfängerklasse (A) Fortgeschrittenenklasse (F) Offene bzw. Siegerklasse (S)	> Apportierprüfung mit Dummies in jagdähnlichen Situationen, Beurteilung der allg. Wesensfestigkeit
Workingtest (WT) International Workingtest (IWT)	> Apportierprüfungen mit Dummies, ohne streng festgelegte Prüfungsordnung, stark jagdpraxisorientiert, Beurteilung der jagdl. Einsatzfähigkeit; auch wettkampfmäßig
Bringleistungsprüfung (BLP/R) berechtigt auf Ausstellungen zur Meldung in der Gebrauchshundeklasse	> Zucht- und Leistungsprüfung, Beurteilung der allg. Wesensfestigkeit, der natürl. jagdl. Anlagen und der Arbeitsweise beim Apportieren von Wild
Retriever-Gebrauchsprüfung (RGP) resp. Jagdgebrauchsprüfung für Retriever (JGP/R) Voraussetzung: Jagdschein: berechtigt auf Ausstellungen zur Meldung in der Gebrauchshundeklasse	> Leistungsprüfungen mit hohem Schwierigkeitsgrad, an Wild, insbes. für die jagdl. Arbeit nach dem Schuss
Dr.-Heräus-Gedächtnis-Prüfung (HP/R) sowie Spezial-Jagdgebrauchsprüfung (SpJGP/R), Voraussetzungen: Jagdschein und bestandene BLP bzw. RGP: berechtigt auf Ausstellungen zur Meldung in der Gebrauchshundeklasse	> Leistungsprüfungen mit sehr hohem Schwierigkeitsgrad, an Wild
Newcomer Trophy	> Apportier-Arbeitsmeisterschaften für Anfänger
German Retriever Cup (jährlich)	> Apportier-Arbeitsmeisterschaften für Fortgeschrittene, Team-Wettbewerb

So liebt man den Labrador Retriever im Ausstellungsring: freudig, interessiert und aufmerksam, und: vorteilhaft präsentiert – nicht zuletzt der kontrastreichen Kleidung des Vorführers wegen.

Info | Klasse & Bewertung

Klasseneinteilung
> Jüngstenklasse (6.–9. Monat)
> Jugendklasse (9.–18. Monat)
> Zwischenklasse (15.–24. Monat)
> Offene Klasse (ab 15. Monat)
> Gebrauchshundeklasse
  (ab 15. Monat; Voraussetzung:
  z. B. BLP, RGP)
> Champion- und Ehrenklasse
  (bereits prämierte Hunde)
> Veteranenklasse (ab 8 Jahren)

Bewertung/Formwert-Note
> Jüngstenklasse:
vv = vielversprechend
vsp = versprechend
wv = wenig versprechend

> andere Klassen:
V   = vorzüglich
Sg   = sehr gut
G   = gut
Ggd = genügend
Nggd = nicht genügend
Disq = disqualifiziert

Hundeausstellungen

Möchten Sie mit Ihrem Labrador Retriever züchten, werden Sie auch Hundeausstellungen besuchen. Denn nur Ausstellungsrichter (Spezialzuchtrichter für Retriever) dürfen in „Formwert-Beurteilungen" die Zuchttauglichkeit Ihres Hundes bescheinigen. Der bei dieser Bewertung erzielte „Formwert" aus drei Einzelnoten für „Kopf", „Gangwerk" und „Gesamterscheinung" des Hundes ist ausschlaggebend für eine Zuchtzulassung.

Pfostenschau und Ringtraining

Speziell für Neulinge werden landesweit sogenannte „Pfostenschauen" angeboten. Ihnen ist oftmals ein „Ringtraining" angegliedert, in dem das korrekte Trimmen und die richtige Präsentation des Hundes unter fachmännischer Anleitung eingeübt werden können. Dort erfahren Sie auch Wissenswertes über das Signal STEH und den Gebrauch einer Vorführleine. Termine finden Sie in den Retriever-Zeitschriften und im Internet.

Mit dem Labi auf Reisen

Ein retrieverfreundliches Reiseziel – nicht zu heißes Klima, dafür aber viel Wasser – und eine Unterkunft, in der Hunde erlaubt und gern gesehen sind, ausfindig zu machen, ist nicht immer leicht. Unterstützung können Sie bei Fremdenverkehrsämtern bekommen, aber auch Tierschutzorganisationen halten vielfach Informationen über geeignete Ferienziele bereit. Im Zeitschriftenhandel erhalten Sie alljährlich neu erscheinende Broschüren über Ferienreisen mit dem Hund, in denen Sie zahlreiche hundefreundliche Urlaubsadressen im In- und Ausland finden. Über die Tourismusbranche können Sie meist auch erfahren, welche Strände an Ihrem Urlaubsziel für Hunde freigegeben sind und welche Einreiseregelungen für den Hund gelten. Überdies empfiehlt sich eine rechtzeitige gründliche Recherche im Internet, Stichwort: „Urlaub mit Hund".

Info Reisegepäck

> Schlafunterlage
> Erdspieß zum Befestigen der Leine an Strand oder Campingplatz
> Halsband und Leine
> Futter- und Wassernapf
> Futtervorrat
> Leckerchen und Kauknochen, Spielzeug und (Wasser-)Dummy
> Bürste, Flohkamm, Zeckenzange
> Erste-Hilfe-Set
> ggf. Medikamente
> Handtücher
> Nummer und Name der Hunde-Haftpflichtversicherung
> EU-Heimtierpass (Impfpass)
> ggf. Maulkorb (in einigen Ländern in öffentlichen Verkehrsmitteln Pflicht)

Egal wohin die Reise geht, ob ans Meer, in die Berge oder an den Baggersee: Ein Labrador ist stets begeistert dabei, wenn es seine Menschen in die Ferne zieht. Wird er von solchen gemeinsamen Aktivitäten seines Rudels ausgeschlossen, trauert er sehr.

Trennung auf Zeit

Da der Labrador Retriever ein sehr menschenbezogener Hund ist, leidet er unter einer Trennung von seinem „Rudel". Bemühen Sie sich deshalb rechtzeitig um eine Betreuungsstelle in einer ihm bekannten und vertrauten Familie. Finden Sie in Ihrem Freundes-, Verwandten- oder Bekanntenkreis einmal niemanden, der Ihren Labi aufnehmen kann, dann können Sie sich auch an eine speziell vom DRC eingerichtete Kontaktbörse wenden. Gerade auch beim älteren Hund, den sie bei unvermeidbaren Reisen besser nicht mitnehmen sollten, um ihm die Strapazen einer langen Autofahrt oder einer Klimaumstellung zu ersparen, ist der richtige Pflegeplatz von großer Bedeutung für sein Wohlbefinden. Ein Senior leidet meist wesentlich stärker unter Trennungsschmerz als z. B. ein junges anpassungsfähigeres Tier. Nur wirklich einfühlsame, retrievererfahrene Menschen sind in der Lage, dieses seelische Unbehagen für den alten Labrador in Grenzen zu halten. Gönnen Sie ihm diese Art von Betreuung!

Service

Nützliche Adressen

Deutscher Retriever Club e. V. (DRC)
Geschäftsstelle
Margitta Becker-Tiggemann
Dörnhagener Straße 13
D – 34302 Guxhagen
Tel: 05665-2774
Fax: 05665-1718
Office@drc.de
www.drc.de

Labrador Retriever Club (LCD)
Geschäftsstelle
Markenweg 2
D – 48653 Loesfeld
Tel: 02541-9260974
Fax: 02541-9260975
lcd-geschaeftsstelle@labrador.de
www.labrador.de

Österreichischer Retriever Club (ÖRC)
Geschäftsstelle
Ortrun König
Zeitlingerberg 11
A – 4320 Perg
Tel: ++43(0)699-14191 900
office@retrieverclub.at
www.retrieverclub.at

Retriever Club der Schweiz (RCS)
Mitgliederdienst
Fredi Flügel
Höhenstr. 23
CH – 3652 Hilterfingen
Tel: ++41(0)33-243 2925
mitglieder@retriever.ch
www.retriever.ch

Verband für das Deutsche Hundewesen (VDH)
Westfalendamm 174
D – 44141 Dortmund
Tel.: 0231-56 50 00
Fax: 0231-59 24 40
info@vdh.de
www.vdh.de

Österreichischer Kynologenverband (ÖKV)
Siegfried-Marcus-Str. 7
A – 2362 Biedermannsdorf
Tel.: ++43 (0) 22 36 710 667
Fax: ++43 (0) 22 36 710 667 30
office@oekv.at
www.oekv.at

Schweizerische Kynologische Gesellschaft (SKG)
Länggassstr. 8
CH – 3012 Bern
Tel.: ++41(0)31 306 62 62
Fax: ++41(0)31 306 62 60
skg@hundeweb.org
www.hundeweb.org

Registrierung von Haustieren :
Tasso e.V.
Frankfurter Str. 20
D – 65795 Hattersheim
Tel.: 06190-93 73 00
Fax: 06190-93 74 00
info@tasso.net
www.tasso.net

Zum Weiterlesen

Erziehung leicht gemacht
Jones, Dr. Renate: **Welpenschule.** Stuttgart 2007

Fichtlmeier, Anton: **Grunderziehung für Welpen.** Stuttgart 2005

Pietralla, Prof. Martin und Dr. Barbara Schöning: **Clickertraining für Hunde.** Stuttgart 2003

Pietralla, Prof. Martin und Dr. Barbara Schöning: **Clickertraining für Welpen.** Stuttgart 2002

Pryor, Karen: **Positiv bestärken, sanft erziehen.** Stuttgart 2006

Rauth-Widmann, Dr. Brigitte: **Retriever.** Reutlingen 1998

Theby, Viviane: **Das Kosmos Welpenbuch.** Stuttgart 2004

Winkler, Sabine: **Welpenkindergarten.** Stuttgart 2008

Winkler, Sabine: **So lernt mein Hund.** Stuttgart 2005

Hunde sinnvoll beschäftigen
Büttner-Vogt, Inge: **Spiel & Spaß mit Hund.** Kosmos 2008

Kwam, Anne Lill: **Spurensuche.** animal learn 2005

Lübbe-Scheuermann, Ulrike Thurau: **Das Kosmos-Buch vom Apportieren.** Stuttgart 2007

Schneider, Dorothee/Armin Hölzle: **Fährtentraining für Hunde.** Stuttgart 2005

Hunde verstehen
Coren, Stanley: **Wie Hunde denken und fühlen.** Stuttgart 2005

Donaldson, Jean: **Hunde sind anders ... Menschen auch.** Stuttgart 2000

Nijboer, Jan: **Hunde verstehen mit Jan Nijboer.** Kosmos 2004

Rauth-Widmann, Dr. Brigitte: **Die Sinne des Hundes.** Brunsbek 2005

Schöning, Dr. Barbara: **Hundeverhalten.** Stuttgart 2008

Schöning, Dr. Barbara, Nadja Steffen & Kerstin Röhrs: **Hundesprache.** Stuttgart 2004

Gesund durchs Hundeleben
Biber, Dr. Vera: **Allergien beim Hund.** Stuttgart 2006

Brehmer, Marion: **Bach-Blüten für die Hundeseele.** Stuttgart 2004

Rakow, Barbara: **Homöopathie für Hunde.** Stuttgart 2006

Rustige, Dr. Barbara: **Hundekrankheiten.** Stuttgart 1999

Hunde erfolgreich züchten
Eichelberg, Dr. Helga (Hrsg.): **Hundezucht.** Stuttgart 2006

Standardwerke für die Retrieverausbildung

Norma Zvolsky
Retrieverschule für Welpen
172 Seiten, 382 Farbfotos
€/D 22,90; €/A 23,60; sFr 41,60
ISBN 978-3-440-10633-4

- Norma Zvolsky gibt wichtige Tipps zu Haltung, Erziehung und Beschäftigung von Retrieverwelpen.

- Besonderen Wert wird auf die altersgerechte Ausbildung gelegt. Die Trainingsschritte sind in Stufen aufgebaut und können so individuell an den Entwicklungsstand des Welpen angepasst werden.

Norma Zvolsky
Die Kosmos-Retrieverschule
332 Seiten, 680 Abbildungen
€/D 36,90; €/A 38,–; sFr 64,10
ISBN 978-3-440-11608-1

- Die Ausbildung geht weiter – mit der Kosmos-Retrieverschule!

- Schritt für Schritt, mit über 600 Farbfotos, wird das Dummy-Training zu Wasser und zu Lande beschrieben.

- Eine sinnvolle Beschäftigung sowohl für Familien- als auch Arbeitshunde.

www.kosmos.de/heimtiere   Preisänderung vorbehalten

Register

Ahnentafel 28 f., 33
Alleinbleiben 81
Alleinfuttermittel 43
Allergiker 42
Alter Hund 23 f.
Alternative Heilverfahren 75
Anerkennung der Rasse 7
Angewölfte Verhaltensweisen 14
Anpassungsfähigkeit 19
Ansprüche 18 f.
Apportieren 8, 14, 19, 105 ff.
Arbeitslinie 13
Artgenossen 80
Artgerechte Beschäftigung 16 f.
Atemfrequenz 65
Aufmerksamkeit 101
Aufzuchtbedingungen 29
Augenausfluss 54
Augenerkrankungen 68
Autofahren 34, 99

Baden 51
Bandwürmer 64
Barfen 42
Begleithundekurs 110
Beißhemmung 83
Belohnung 90
Bindehautentzündung 54
Bindung stärken 101
Biotin 52
Bringtrieb 105

Diabetes mellitus 48, 62
Dominanzgehabe 77
Dual-purpose-Labis 15
Dummy 106
Dummytraining 112 ff.
Durchfall 62

Einweisen 114
Ektoparasiten 60 f.
Ellenbogengelenk-Dysplasie 70 f.
Endoparasiten 64
Entwurmung 34, 61, 64
Epilepsie 73 f.
Erbrechen 63
Ergänzungsfuttermittel 43
Erkältungen 58
Erstausstattung 31
Erste-Hilfe 65 f.
EU-Heimtierpass 59

Fahrradfahren 98
Familienhund 17
Farbvererbung 10 f.
Feldleine 102
Fellfärbung 10, 26
Fellpflege 51 f.
Fellveränderungen 74
Fellwechselprobleme 52
Fertigfutter 43
Field trials 12
Fleisch-Fütterung 42
Flexileine 92
Flöhe 60
Fortpflanzungsfähigkeit 66
Futterempfehlung 34, 41
Futterplatz 31
Futterumstellung 48
Fütterungszeiten 46
Futterverweigerung 49

Gebärmuttervereiterung 63, 67
Gebissfehler 55
Gebisspflege 54 f.
Genpool 11
Gesäugetumore 72
Geschwüre 73
Grasfressen 49
Grauer Star 68
Grundausbildung 110 f.
Grundausstattung 31 ff.
Gundog working tests 12

Haarkleid 8
Haarlinge 60
Haarwechsel 51 f.
Hausmachermenüs 44
Hauterkrankungen 52
Hauttalgproduktion 52
Hautveränderungen 74
Herankommen 88, 103
Herzfrequenz 65
Herz-Kreislauf-Erkrankungen 48
Herzwurmkrankheit 57
Hinlegen 87
Hinsetzen 86
Hitzschlag 99
Hüftgelenk-Dysplasie 70 f.
Hundeausstellungen 120
Hundeerziehung 86 ff.
Hündin 24
Hypothyreose 52

Impfungen 34, 58 f.

Infektionskrankheiten 57 ff.
Inzucht 11

Jagdlicher Einsatz 12 f.
Jagdlicher Stammbaum 11

Kalzium 44 f.
Kaufvertrag 33
Kinder 18
Knochenfütterung 46
Konsequenz 77 f.
Körpergewichtsentwicklung 49
Körperpflege 51 ff.
Körpertemperatur 65
Korrekturen 95
Krallenpflege 53
Krebs 72

Läufigkeit 24, 66 f.
Läuse 60
Leinenführigkeit 90 f.
Loben 35, 80
Löseplatz 35
Lyme-Borreliose 60

Magen-Darm-Erkrankungen 62 f.
Malassezien 74 f.
Mammatumore 72
Markier-Apport 113
Markierverhalten 24
Milchzähne 55
Myopathie 68 f.

Nachjagen 102
Name 35
Nickhauterkrankung 54

Obedience 111
Ohrenpflege 54

Pfostenschau 120
Pfotenpflege 53
Positive Bestärkung 80 f.
Prägungsphase 29
Progressive Retina-Atropie 68
Prüfungen 119
Pubertät 39
Pyometra 62, 67

Rangordnung 82 f.
Reisen 121
Retina-Dysplasie 68
Retrieverpfeife 88

Retriever-Rassen 8
Retriever-Treff 100
Ringtraining 120
Rüde 24
Rundwürmer 64

Saint-John's-Hund 6
Scheinträchtigkeit 67
Schlafplatz 31, 37
Schleppe 115
Schwimmen 104
Selbstsicherheit 37
Sexuelle Reife 24
Showlinien-Labradors 16
Signale 88 ff.
Signale aufheben 92
Skeletterkrankungen 70 f.
Spaziergänge 96 ff.
Spielen 17, 85
Spielzeug 31
Sport 110 f.
Steadiness 12, 112
Stubenreinheit 23, 36 f.

Tadel 35
Tierarzt 79
Tischmanieren 49
Tumore 72

Überforderung 79
Übergewicht 48 f.
Umwelterfahrung 78 ff.

Veranlagung 77
Verdaulichkeit 44
Verhaltensveränderungen 24
Verlorensuche 118
Vertrauen 37, 84 f.
Vitamin-B-Mangel 52
Vorfahren 5 ff.

Wasserfreudigkeit 19
Weichmäuligkeit 12
Welpenentwicklung 38
Welpenspieltage 34, 80
Wesen 18 f., 101
Working-Labi 16
Wurmkur 58

Zahnpflege 43, 54 f.
Zahnstein 55
Zahnwechsel 23
Zecken 60
Züchter 26 ff.
Zwischenzehenhäute 53